AF557667

FÜR ALINA

Übungen

EINLEITUNG

„Unsere wahre Aufgabe ist es, glücklich zu sein.“

Dalai Lama

„Könnten Sie einen Vortrag zum Thema Glücklichsein halten?“, fragte der Vorsitzende der Gesellschaft für Biologische Krebsabwehr am Telefon. Zu dieser Zeit bot ich einen schamanischen Workshop mit dem Titel „Selbstermächtigung zum Glücklichsein“ an. Erfreut sagte ich zu, um dann gleich festzustellen, dass sich meine Workshopinhalte nicht als Vortrag eigneten. Ich begann also, mich nochmal ganz von vorne mit entsprechender Literatur zu diesem Thema zu beschäftigen, und war sehr beeindruckt, als ich auf das Buch von Dr. Kelly Turner „10 Wege in ein krebsfreies Leben“ stieß und es mit dem Standardwerk zum Glücklichsein von Dr. Sonja Lyubomirsky[1] verglich. Kelly Turner wertete in ihrem Buch[2] über 1.000 Patientenakten aus, bei denen sich bösartige Tumoren unerwartet zurückgebildet hatten. Bei ihnen hatten die üblichen medizinischen Behandlungsmethoden versagt oder waren gar nicht erst angewendet worden. Sie führte mit Betroffenen über 100 persönliche Interviews. Dabei stellte sie allen eine und dieselbe Frage: „Warum denken Sie, wurden Sie geheilt?“ Aus den Antworten auf diese eine Frage filterte sie zehn Maßnahmen (von mehr als 75) heraus, die fast jede der befragten Personen genannt hatte. Sieben dieser zehn Faktoren bezogen sich auf Maßnahmen, die das subjektive Wohlbefinden steigern, wie beispielsweise unterdrückte Emotionen loslassen, positive Emotionen verstärken oder soziale Unterstützung zulassen. Beeindruckend war, dass alle genannten Vorgehensweisen sich auch im Buch von Sonja Lyubomirsky wiederfanden, das die Ergebnisse aus 20 Jahren Forschungsarbeit zum Thema Glücklichsein zusammenfasst. Die von den Tumorpatientinnen und -patienten genannten Maßnahmen hatten sich dort in wissenschaftlichen Untersuchungen als eindeutig förderlich fürs Glücklichsein erwiesen. Das bedeutet, wenn ich mich aktiv darum kümmere, glücklicher zu sein, kann das sogar die Rückbildung weit fortgeschrittener Tumoren unterstützen. Zahlreiche faszinierende Erkenntnisse aus der Forschung unterstreichen die Verbindung von Wohlbefinden und Gesundheit. So konnte beispielsweise Prof. Joachim Bauer (deutscher Neurowissenschaftler) zeigen, dass das Bemühen um eine Sinn-geleitete, prosoziale Lebensweise das Aktivierungsmuster gesundheitsrelevanter Gene günstig beeinflusst.[3]

Glücklichsein sei eine Entscheidung, und zwar die wichtigste von allen, sagte Dr. Serge Kahili King, ein hawaiianischer Schamane, bei einer meiner Fortbildungen. Wissenschaftliche Untersuchungen belegen, dass Glücklichsein alle Aspekte unseres Lebens entscheidend beeinflusst: Glückliche Menschen sind (verglichen mit weniger glücklichen) geselliger und haben mehr Energie. Sie sind großzügiger, hilfsbereiter und beliebter. Sie haben stabilere Partnerschaften und ein großes Netz von Freunden und Unterstützern. Sie sind in ihrem Denken flexibler, kreativer und zudem produktiver. Sie sind bessere Führungskräfte und Verhandlungsführer und somit wirtschaftlich erfolgreicher. Sie haben ein stärkeres Immunsystem, sind körperlich gesünder und leben sogar länger.[4] Diese Auflistung ist sehr eindrücklich, oder? Den Begriff „Glück“ gebrauche ich hier übrigens, wie er auch in der Glücksforschung Verwendung findet: Er wird gleichgesetzt mit „Lebenszufriedenheit“ und „subjektivem Wohlbefinden“.

Glückliche Menschen
... haben ein stärkeres Immunsystem, sind körperlich gesünder und leben sogar länger.

Wenn wir betrachten, was beim Thema Glücklichsein alles eine Rolle spielt, dann lässt sich zunächst festhalten, dass Fühlen eine körperliche Erfahrung ist! Aus dieser Perspektive stellt sich die Frage, was es braucht, damit in unserem Körper gute Gefühle entstehen. Eine entscheidende Rolle spielt dabei der Zustand unseres Nervensystems und damit, wie viel Stress wir erleben und wie sicher wir uns fühlen. Unser Alltag bietet uns vielerlei Einladungen, gestresst zu reagieren. Und dann gibt es auch ganz tiefgehende Gründe: Führen wir wirklich das Leben, das uns entspricht? Was sind unsere wahren Bedürfnisse? Wir können diese Fragen häufig nicht so ohne weiteres beantworten. Die meisten von uns mussten in der Vergangenheit die Erfahrung machen, dass die beiden Grundbedürfnisse nach Verbundenheit und Entfaltung nicht ausreichend gestillt wurden, und waren gezwungen, dafür Lösungen zu finden. Diese Lösungen wurden in unserem Gehirn verankert und sie bestimmen bis heute unser Denken, Fühlen und Handeln – bewusst und meist unbewusst.[5] Jeder Mensch hat also, aufgrund der Erfahrungen, die er gemacht hat und die sein Gehirn geformt haben, eine höchst subjektive Art, zu denken, die Welt außerhalb einzuschätzen und sich selbst darin zu bewerten. Auf dieser Basis gestalten wir unser Leben, auch wenn uns das nicht bewusst ist. Wenn sich etwas in unserem Leben ändern soll, muss sich in uns etwas verändern: WIR müssen uns verändern. Wir haben es in der Hand, für unser eigenes Wohlbefinden zu sorgen. Es ist möglich, Wünsche und Lebensträume zu verwirklichen, auch zu heilen, wenn wir krank sind. Wir sind in der Lage, unser Glück entscheidend mitzuschmieden!

Buchstäblich alles beeinflusst unser Glücksempfinden. Und mir kommen die Worte der Hebamme in den Sinn, die sie damals uns frisch gebackenen Müttern mit auf den Weg gab: „Wenn es dir gut geht, dann geht es auch deinem Kind gut." Und das lässt sich natürlich auf alle anderen Beziehungen ausweiten.

Wenn wir uns wohlfühlen, haben wir mehr Energie und sind zuversichtlicher. Das wiederum sind wichtige Voraussetzungen für eine aktive Lebensgestaltung und die Verwirklichung von Wünschen. Prof. Gerald Hüther (deutscher Neurowissenschaftler) spricht im Zusammenhang mit Glücklichsein von der Bedeutsamkeit eines „Kohärenz-Wiederherstellungs-Kompetenz-Gefühls". Damit ist eine innere Zuversicht gemeint, dass wir mit allem klarkommen werden, was immer das Leben für uns bereithalten mag. Diese Zuversicht erlangen wir, indem wir immer wieder die Erfahrung machen, dass wir in der Lage sind, für alle Störungen und Probleme eine geeignete Lösung zu finden.[6]

Wenn wir die Thematik noch weiter vertiefen, dann kommen Liebe und Spiritualität ins Spiel. Die spirituelle Verbindung zu stärken und der eigenen Intuition zu folgen, waren Faktoren, von denen die angesprochenen Krebspatienten meinten, dass sie bei der Rückbildung ihres Tumors geholfen hätten. Die Glücksforschung führt die Beschäftigung mit Religion und Spiritualität entsprechend als eine Maßnahme an, die unser Glücksniveau erhöhen kann. Ich persönlich gehe davon aus, dass wir spirituelle Wesen sind, die eine menschliche Erfahrung machen, wie es Pierre Teilhard de Chardin[7] formulierte. Diese Rückverbindung mit unserem wahren Wesen und unserer spirituellen Natur wie auch die Erfahrung der Verbundenheit mit dem großen Ganzen sind für mich ein entscheidender Glücksfaktor. Zu erfahren, dass wir viel mehr sind als unser Ich-Konstrukt, das sich mit den Problemen identifiziert, die diese Welt zwangsläufig für uns bereithält, hilft uns glücklicher zu werden.

Ein glücklicher Mensch ist für mich niemand, der mit einem Dauerlächeln durch die Welt geht, sondern jemand, der sich von schwierigen Umständen nicht unterkriegen lässt. Der die Zuversicht nicht verliert, auch wenn er gerade in einer heftigen Krise steckt, vielleicht sogar mit einer schweren Krankheit konfrontiert ist. Jemand, der sich selbst innerlich liebevoll in den Arm nehmen kann und tief empfundenes Mitgefühl aufbringt, auch wenn manches nicht so gut gelingt oder er vermeintlich Fehler macht. Jemand, der die tiefe Verbundenheit mit anderen und zur Natur zumindest erahnen kann. Jemand, der in der Lage ist, sich selbst und andere zu lieben. Wir brauchen Herausforderungen in unserem Leben, um uns zu entfalten. Ohne Disharmonie, Stress und Unglücke wüssten wir gar nicht, wie es sich anfühlt und was es bedeutet, sich wirklich wohlzufühlen, glücklich zu sein. Ich finde auch die Feststellung tröstlich, dass es sich bei unserem Leben um einen erkenntnisgewinnenden Prozess handelt, denn der braucht nun mal Zeit und möglichst viele unterschiedliche Erfahrungen. Gerald Hüther beschreibt es so, dass jeder von uns auf der Suche ist, und dazu gehört auch, dass wir uns verirren. Und wenn wir Glück haben, gibt es Menschen in unserem Leben, die uns mögen und uns weiterhelfen, wenn wir nicht weiterkommen. Meist sind es Krisen, die uns motivieren, uns auf die Suche nach mehr Wohlbefinden zu machen, und die sich so letztendlich als Geschenke entpuppen. Welche Gründe brauchen wir also noch, damit wir uns aktiv um unser Wohlbefinden kümmern?

Dieses Buch spannt rund um das Thema Glücklichsein einen Bogen von körperlichen und mentalen Vorgängen, über eine Technik zur Wunscherfüllung bis hin zu Spiritualität und Liebe. Es wäre völlig vermessen, meinerseits hier einen Anspruch auf Vollständigkeit zu erheben. Je mehr ich die angesprochenen Bereiche vertiefe, desto mehr bin ich der Meinung, dass Demut und Bescheidenheit angesagt sind. Unser menschlicher Verstand und unsere Sinneswahrnehmungen sind sehr begrenzt und wir verarbeiten diese äußerst subjektiv. Mein Anliegen ist es, in diesem Buch Zusammenhänge deutlich zu machen und dir Übungen an die Hand zu geben, um glücklicher zu werden. Denn wenn es dir besser geht, geht es auch der Welt ein Stückchen besser. So dient dein eigenes Wohlergehen immer auch dem Wohle aller!

Und übrigens, mein Vortrag war ein Erfolg. Eine Zuhörerin fragte mich nach einer angeregten Diskussionsrunde, ob es dazu auch ein Buch gäbe, und hier ist es.

DEIN KÖRPER UND GLÜCKLICHSEIN

„Denke nicht nur mit deinem Kopf, denke mit deinem ganzen Körper.“

Eckhart Tolle

Wir wollen uns in diesem Kapitel anschauen, was in unserem Körper passiert, wenn wir glücklich sind. Zunächst lässt sich festhalten, dass Wohlbefinden eine physische Erfahrung ist, die wir demnach ohne unseren Körper gar nicht machen könnten. Auf dieser Ebene bedeutet die Suche nach Glück die Suche nach einem Zustand, in dem unser Herz und unser Gehirn auf harmonische Weise zusammenarbeiten. Dazu müssen unsere Erwartungen zu dem passen, was wir erleben, weil anderenfalls Unruhe in unserem Gehirn entsteht. Wenn sich diese Unruhe auf tiefere Hirnbereiche ausbreitet, macht sich das mit entsprechenden Symptomen wie Herzrasen oder Schwitzen bemerkbar. Unser Gehirn ist in erster Linie für die Aufrechterhaltung der Körperfunktionen zuständig und strebt von Natur aus einen kohärenten Zustand an, was einen harmonischen Zustand meint, bei dem alles gut zusammenpasst und somit auch am wenigsten Energie verbraucht wird.[8] In diesem Zustand fühlen wir uns wohl. Was das alles mit unserem Verstand zu tun hat, schauen wir uns im Kapitel „Deine inneren Bilder und Glücklichsein" an. Um eine optimale Funktionsweise des gesamten Organismus sicherzustellen, arbeiten Herz und Gehirn eng zusammen. Das Herz spielt nämlich eine Schlüsselrolle bei der Herstellung der mentalen und emotionalen Kohärenz. Unser Herz ist ein ganz besonderes Organ. Es ist in der Lage, intuitive Informationen zu empfangen und zu interpretieren, um emotionale und physische Reaktionen zu regeln und zu steuern. Diese Fähigkeit wird häufig als Herzintelligenz bezeichnet. Die Kommunikation mit dem Gehirn erfolgt vor allem über das autonome Nervensystem sowie elektromagnetische Signale[9], die das Herz aussendet.

Die Herzintelligenz resultiert aus der Tatsache, dass es etwa 40.000 neuronenähnliche Zellen[10] besitzt. Es hat ein eigenes neuronales Netzwerk, das unabhängig vom Gehirn agieren kann. Unser Herz ist also viel mehr als nur eine lebenswichtige Pumpe, so dass man auch vom „kleinen Gehirn" im Herzen spricht. Es ist in der Lage, Informationen zu verarbeiten und an das Gehirn zu senden, was sich dann auf unsere emotionalen Reaktionen, unsere Entscheidungsfindung und unser Verhalten auswirkt. Obwohl das Herz nicht als endokrine Drüse betrachtet wird, produziert es Hormone und Neurotransmitter und schüttet diese aus. Die neuronalen Schaltkreise des Herzens ermöglichen es, unabhängig vom Gehirn zu agieren, um zu lernen, sich zu erinnern, zu fühlen und wahrzunehmen[11]. Im Gegensatz zu unserem Verstand, der Informationen linear und logisch verarbeitet, erfasst unsere Herzintelligenz Informationen ganzheitlich und ist wesentlich schneller und direkter.

Welche Rolle spielen Biochemie und Genetik?[12]

Bei erfreulichen Erfahrungen werden in unserem Körper sogenannte Glückshormone ausgeschüttet, dazu zählt Oxytocin. Es fördert das Vertrauen zu anderen, das intuitive Verstehen und unsere Bindungsfähigkeit. Es spielt also eine wichtige Rolle bei der Regulierung sozialer Interaktionen, wirkt außerdem beruhigend und schmerzstillend. Dieses Hormon wird unter anderem ausgeschüttet beim Kuscheln („Kuschelhormon"), beim Streicheln, beim Orgasmus, wenn die Mutter ihr Kind stillt, und beim Meditieren. Oxytocin hat, wie andere

Wohlbefinden ist eine physische Erfahrung, die wir ohne unseren Körper gar nicht machen könnten.

HERZ-Kohärenz-MEDITATION

Suche dir einen Ort, an dem du nicht gestört wirst. Du kannst diese Meditation im Sitzen oder Liegen machen. Schließe deine Augen, entspanne dich und berühre sanft dein energetisches Herzzentrum in der Mitte deiner Brust, indem du es mit den Fingerspitzen berührst oder deine Hand dorthin legst. Stelle dir vor, dass du jetzt über diesen Bereich ein- und ausatmest, vertiefe und verlangsame dabei deine Atmung ganz bewusst (ca. fünf Sekunden ein- und ausatmen). Nun lasse ein Gefühl von Liebe, Wertschätzung, Dankbarkeit oder Mitgefühl in dir aufsteigen, indem du an etwas Schönes denkst, das eines oder mehrere dieser Gefühle in dir auslöst. Mache diese Übung am besten zweimal täglich für zehn Minuten. Ihre Wirkung kann für Stunden anhalten. Atme bewusst und genieße das wohltuende Gefühl in deinem Körper!

Diese Meditation wurde im HeartMath-Institut in Kalifornien entwickelt. Sie führt zu Kohärenz im Gehirn und hat großartige Effekte, wie zahlreiche wissenschaftliche Studien belegen: Sie steigert die Immunabwehr und die mentale Leistungsfähigkeit, erhöht die Resilienz (Herzratenvariabilität (HRV)), reduziert Stress, Angst und Überforderung, begünstigt die Langlebigkeit und stärkt das kardiovaskuläre System (heartmathdeutschland.de). Auf YouTube gibt es dazu diverse geführte Meditationen, beispielsweise von Dr. Susanne Marx.

Hormone auch, ein vielfältiges Wirkungsspektrum. So spielt es beim Gebären eine wichtige Rolle, indem es die Wehentätigkeit fördert, und es sorgt beim Stillen für den Milchfluss. Ein anderer Botenstoff in dieser Kategorie ist Serotonin. Er vermittelt uns das Gefühl von Gelassenheit, innerer Ruhe und Zufriedenheit – dämpft insbesondere Angstgefühle, Aggressivität, Kummer und das Hungergefühl. Dopamin zählt ebenfalls zu den Glückshormonen. Es spielt eine Schlüsselrolle bei der Belohnungsverarbeitung.[13] Immer wenn wir begeistert sind, weil wir beispielsweise etwas besonders gut hingekriegt oder für eine Herausforderung eine passende Lösung gefunden haben, wird im Mittelhirn eine Gruppe von Nervenzellen aktiviert. Dadurch wird ein komplexer Prozess in Gang gesetzt, und unter Mitwirkung diverser Botenstoffe[14] führt er dazu, dass neue Fortsätze und neue Nervenzellkontakte entstehen. Es werden dabei genau diejenigen neuronalen Netzwerke im Gehirn ausgebaut und verstärkt, die aktiviert waren, als die betreffende Person das zustande brachte, was sie in Begeisterung versetzte. Diese Botenstoffe wirken also wie Dünger, so dass sich diese Lösung im Gehirn strukturell verankert. Mit Gerald Hüthers Worten: „Genau das ist es, was die Hirnforscher meinen, wenn sie sagen, dass das Gehirn so wird, wie und wofür man es mit Begeisterung benutzt."[15] Deshalb kommt es darauf an, was ein Kind oder die/der betreffende Erwachsene wichtig findet, wofür sie oder er sich interessiert und begeistert. Die subjektive Bewertung ist somit entscheidend.[16]

Glückshormone werden in den unterschiedlichsten Situationen ausgeschüttet, nicht nur, wenn wir begeistert sind, Schönes erleben oder bei sozialen Interaktionen, sondern auch bei körperlicher Aktivität. Neben den angesprochenen Wirkungen tragen sie dazu bei, dass der Blutdruck sinkt, sich die Blutzirkulation verbessert und die Atmung vertieft. Damit werden die Zellen besser mit Sauerstoff versorgt und die Aktivität des Immunsystems gestärkt, was wiederum Heilung unterstützt.

Unser Glücksempfinden hängt aber nicht nur von unseren Hormonen ab. Wir sind komplexe Wesen und es zählt auch der Kontext, in dem Glückshormone ausgeschüttet werden. So kann ein Triumph neben der Begeisterung auch einen faden Beigeschmack haben. Gerald Hüther nannte als Beispiel dafür ein Kind, das durch Schreien an der Supermarkt-Kasse die Mutter doch noch rumkriegt, ihm ein Überraschungsei zu kaufen.

Mit der Steuerung der Genaktivität, die auch für die Ausschüttung von Hormonen sorgt, beschäftigt sich ein Wissenschaftsbereich, der sich Epigenetik nennt. Es handelt sich dabei um ein Teilgebiet der Genetik, das sich mit Veränderungen der Genaktivität befasst, die nicht auf Veränderungen der DNA-Sequenz selbst zurückzuführen sind. Damit die zahlreichen biochemischen Prozesse in unserem Körper optimal funktionieren können, müssen zur richtigen Zeit die richtigen Proteine in exakt der benötigten Menge bereitgestellt werden. Aber woher weiß eine Zelle, welche und wie viele Proteine, beispielsweise Hormone und Enzyme, sie wann produzieren soll? Bahnbrechende

Untersuchungen ergaben, dass eine Zelle die dafür benötigten Informationen aus der Umgebung erhält, und zwar über Rezeptoren in der Zellmembran, die wie Antennen fungieren.[17] Diese Beobachtung war deshalb bahnbrechend, weil man früher dachte, dass unsere Entwicklung, ja sogar unser Schicksal quasi vorherbestimmt sei durch die von unseren Eltern ererbten Anlagen. Inzwischen ist klar, dass die Regulation unserer Gene entscheidend ist und von der Umgebung der Zellen bestimmt wird. Die „Umgebung" einer Zelle ist das Blut, über das beispielsweise Nahrungsbestandteile zu ihr transportiert werden. Wie wir über die Ernährung Einfluss auf unsere Befindlichkeit nehmen können, beschreibt Bas Kast in seinem Buch „Kompass für die Seele".[18] Dass eine pflanzenbasierte Kost unsere Genaktivität in Richtung Gesundheit verändert, zeigen spannende Untersuchungen beispielsweise von Dr. Dean Ornish.[19] Wie auch Gedanken unsere Genregulation beeinflussen, schildere ich in einem Beispiel weiter unten. Dieser molekularbiologische Bereich faszinierte mich während meines Biologie-Studiums am meisten, weil es sich um unglaublich fein abgestimmte und hochkomplexe Vorgänge handelt. Dazu gibt es sehr spannende Untersuchungen.

Wusstest du, dass wir Fieber bekommen, weil bestimmte Gene angeschaltet werden, etwa nach einer Infektion? Oder dass wir eine Gruppe von 53 Genen besitzen, die als Risikogene bezeichnet werden? Joachim Bauer beschrieb in einem Vortrag, dass ein Großteil dieser 53 Gene die Blaupausen für Entzündungsbotenstoffe enthält. Sie können zum Beispiel bei Rauchern leicht aktiviert sein und für einen schleichenden chronischen

Entzündungszustand sorgen, der wiederum Krankheiten begünstigt. Seine Forschungen haben ergeben, dass dieses Risikosystem deutlich beruhigt werden konnte, nachdem Versuchspersonen vier Wochen lang täglich jemandem einen kleinen Gefallen getan hatten.[20] In einem anderen Experiment hatten über 50-jährige Versuchspersonen nach einem einwöchigen Training für zwei Stunden täglich bei acht- bis neunjährigen Schulkindern als Schulbegleiter fungiert. Nach drei Monaten wurde die Aktivität ihrer Risikogene erneut untersucht und es stellte sich heraus, dass sie deutlich herunterreguliert waren und dass Lebenssinn und ein Gefühl von Verbundenheit zugenommen hatten. Joachim Bauer forderte uns Zuhörer auf, uns die Frage zu stellen: Wie kann mein Leben wertvoller werden? Darüber hinaus empfahl er, sich um gute Beziehungen und Sinn zu bemühen. Einleitend zu seinem Vortrag hatte er über die Frage sinniert, was eigentlich gutes sinnvolles Leben sei und nannte Begriffe wie wohlfühlen, wachsen, tätig sein, sich entfalten, Gesundheit erhalten, gedeihen und das Aufblühen des ganzen Menschen.

Den oben aufgeführten epigenetischen Regulationsmechanismen unterliegen selbstverständlich auch die Hormone.

Ein Versuch zur Epigenetik

Bei einem Experiment, das anschaulich die epigenetischen Mechanismen demonstriert, wurde der sogenannte Trierer Stresstest[21] benutzt. Dabei handelt es sich um einen standardisierten Test, bei dem Versuchspersonen einer Art Prüfungs- oder Bewerbungssituation ausgesetzt werden. Zunächst müssen sie in Anwesenheit von zwei Prüfern einen dreiminütigen Vortrag ausarbeiten, den sie dann frei halten sollen. Anschließend folgen zwei Minuten mit kniffligen Fragen und am Schluss sollen noch schwierige Rechenaufgaben gelöst werden. Die ganze Zeit laufen gut sichtbar eine Kamera und ein Tonband mit. Dass es nicht darum geht, ihre Leistung zu bewerten, sondern darum, sie unter Stress zu setzen, erfahren die Versuchspersonen erst anschließend. Die genetischen Untersuchungen vor und nach dem Experiment ergaben, dass nach der vermeintlichen Prüfungssituation das Gen des Oxytocin-Rezeptors blockiert war.[22] Die hatte zur Folge, dass entsprechend weniger Oxytocin-Rezeptor-Proteine an der Zelloberfläche vorhanden waren und somit nicht ausreichend Oxytocin in die Zelle transportiert werden konnte, um dort seine Wirkung zu entfalten. In diesem Versuch konnte also gezeigt werden, dass die Überzeugung, eine Prüfung bestehen zu müssen, in kürzester Zeit epigenetische Veränderungen bewirkte. Er hat auch demonstriert, dass unser Körper grundsätzlich mit zeitlich begrenzten Stresssituationen sehr gut umgehen kann: Nach 80 Minuten war die Blockierung dieses Gens wieder aufgehoben. Faszinierend, oder? Und das ist nur ein winziger Ausschnitt aus sehr vielen hochkomplexen Regulationsvorgängen. „Die Regulation der Gene in unseren Zellen reagiert permanent und dynamisch auf die Umgebung“, unterstreicht Dr. Peter Stork, ein deutscher Epigenetiker.[23] Unser Körper ist wahrlich ein Wunderwerk auf zwei Beinen.

Was hat unser Nervensystem damit zu tun?

Der Zustand unseres Nervensystems ist von elementarer Bedeutung: „Psychische und physische Gesundheit basieren zum großen Teil auf einem regulierten autonomen Nervensystem.“[24] Das autonome Nervensystem besteht aus dem Sympathikus und seinem Gegenspieler, dem Parasympathikus mit dem Vagusnerv, dem längsten der zwölf Hirnnerven. Der Vagusnerv ist deshalb so wichtig, weil er an der Funktion fast jeden inneren Organs beteiligt ist. Er ist, vereinfacht gesprochen, für Erholung, Ruhe und Verdauung zuständig. Nur wenn der Vagusnerv aktiv ist, geht es uns gut, denn er nimmt maßgeblich an der Emotionsregulation teil. Nach Gopal Norbert Klein wird der Vagusnerv nur dann aktiviert, wenn unser Körper die Umgebung als sicher einstuft. Ob er das tut, entscheiden wir allerdings nicht mit unserem bewussten Willen. Andauernd prüft unser autonomes Nervensystem, ob die Umgebung sicher ist oder nicht.[25] Wenn wir uns, bewusst oder unbewusst, nicht sicher fühlen, Sorgen machen oder ärgern, dann bedeutet das Stress für unseren Körper, wie wir auch bei obigem Experiment gesehen haben. Dabei dachten die Versuchspersonen, sie müssten eine Prüfung bestehen, und ihr Körper reagierte mit einer veränderten Genregulation in Richtung Stress. Wir können unschwer bei uns selbst beobachten, wie sich unser Körper anfühlt, wenn wir beispielsweise an etwas Unerfreuliches denken. Die meisten von uns geben heute an, häufig gestresst zu sein.

ENTSPANNEN IN SEHR *stressigen* SITUATIONEN

Atme so tief wie möglich in deinen Bauch und versuche bewusst, sämtliche Muskeln zu entspannen. Zähle beim Einatmen auf vier, halte den Atem an (während du auf sieben zählst), atme dann aus, als ob du durch einen Strohhalm pusten müsstest, und zähle dabei auf acht. Fahre so lange damit fort, bis sich ein Gefühl der Entspannung einstellt. Atmung und körperliche Anspannung sind eng verknüpft, was bedeutet, dass du über bewusstes Atmen stressbedingte Körperreaktionen günstig beeinflussen kannst.[26] Beim tiefen Ein- und Ausatmen signalisieren wir unserem Körper, dass keine Gefahr besteht. Du kannst diese Übung im Sitzen oder Liegen ausführen.

Die Stress-Reaktion in unserem Körper ist entwicklungsgeschichtlich ein sehr alter biologischer Mechanismus, der entstanden ist, um unser Überleben zu sichern. Im heutigen Alltag ist unser Überleben allerdings kaum in Gefahr und dennoch wird dieser Mechanismus in einem Bereich unseres Gehirns weiterhin aktiviert, der als „Reptiliengehirn"[27] bezeichnet wird. Das Problem ist nicht, dass wir uns aufregen; das Problem ist, dass wir uns häufig schwertun, zeitnah aus der Aufregung wieder herauszukommen. Viele von uns stehen unter Dauerstress, was langfristig zu Problemen auf verschiedenen Ebenen führen kann. Bei der Stressreaktion fokussiert unser Körper alle Kräfte auf Angriff oder Flüchten. In lebensbedrohlich empfundenen Situationen gibt es als dritte Option noch das Totstellen. Im Stress-Modus wird unseren Muskeln zusätzliche Energie zur Verfügung gestellt, die dann für Aufgaben wie Verdauung, Immunabwehr und Regeneration nicht mehr eingesetzt werden kann. Denn wenn wir tot sind, müssen wir keine Nahrung mehr verdauen können und auch der Zustand unserer Immunabwehr ist dann nicht mehr von Bedeutung. Bewegung hilft, die für die vermeintliche Bedrohungssituation bereitgestellten Stresshormone wieder abzubauen. So viel in aller Kürze zu den körperlichen Vorgängen bei Stress.

Wie wir beim obigen Experiment gesehen haben, reduziert Stress u. a. die Wirkung des Wohlfühlhormons Oxytocin. Das macht aus Sicht des Körpers Sinn, weil wir in einer Bedrohungssituation logischerweise nicht in einem vertrauensseligen Kuschel-Modus sein sollten, wenn es zur Sicherung unseres Überlebens unerlässlich ist, dass wir „unseren Feind" klar identifizieren können.

Unsere ganze Aufmerksamkeit gilt der Bedrohung. In diesem Zustand können wir nicht mehr gut denken, weil die Aktivität der Gehirnareale, die für logisches Denken zuständig sind, herunterreguliert werden. So macht es keinen Sinn, bei starker Erregung oder im Streit mit jemandem ein Problem lösen zu wollen. Die dafür erforderliche Denkkapazität steht uns einfach nicht zur Verfügung, wenn sich unser Körper im Notfall-Modus befindet. Übrigens: Wenn dieser Mechanismus bei deinen Vorfahren nicht funktioniert hätte, würdest du jetzt nicht dieses Buch lesen, weil sie vielleicht der viel zitierte Säbelzahntiger gefressen hätte.[28] Ein Dankeschön an dich, mein lieber Körper, und entschuldige, dass es mir häufig nicht gelingt, zeitnah wieder aus der Stress-Spirale herauszukommen. Das können Tiere besser. Ich habe auf einer Safari in Südafrika beobachtet, wie eine Löwin einen jungen Elefanten angegriffen hat, der sich ein Stück weit von seinen zwei größeren Brüdern entfernt hatte. Die Löwin sprang von hinten auf den jungen Elefantenbullen. Der ca. fünfjährige Elefant rannte sofort in Richtung seiner älteren Brüder und die Löwin ließ von ihm ab. Nach kurzer Aufregung, in der die Elefantenbullen eindrücklich drohend ihre großen Ohren aufgestellt hatten, beruhigten sie sich wieder und fingen an, entspannt zu grasen, obwohl die Löwin in Begleitung von zwei weiteren Löwen die kleine Elefantengruppe weiterhin umlagerte und einige Zeit später sogar einen neuen Angriff startete. Aber keine Sorge, dem jungen Elefanten ist dank seiner großen Brüder nichts passiert. Es bräuchte ein Löwenrudel mit etwa 20 Tieren, um einem ausgewachsenen Elefanten in der Größe des ältesten Bruders wirklich gefährlich zu werden, erklärte uns der begleitende Ranger.

Tapping BEI EMOTIONALEM STRESS

Begegne emotionalem Stress, wie Angst oder Ärger, mit der „Emotional Freedom Technique" (EFT). Diese Klopf-Technik ist bei Bedarf unmittelbar anwendbar, macht Spaß und ist leicht zu erlernen. Dabei werden Meridian-Endpunkte sanft geklopft, was die Amygdala-Aktivität günstig beeinflusst.[29] Die Amygdala spielt eine zentrale Rolle bei der Regulation und Verarbeitung von Emotionen und damit auch von Stressreaktionen. Diese Technik kann auch bei Schmerzen helfen. Eine Anleitung dazu findest du im Buch von Nick Ortner[30] und auf YouTube, beispielsweise: „Nick Ortner Explains How Tapping Calms Anxiety And Stress".

Dinge tun, bei denen sich dein Körper wohlfühlt

Unser Körper ist eine erstaunliche Schöpfung und es liegt an uns, für unsere Körperzellen eine möglichst günstige Umgebung zu schaffen, damit Wohlgefühl entstehen kann. Eine Umgebung, auf die die Regulation der Gene permanent und dynamisch reagiert, bedeutet buchstäblich alles, wie wir in den Abschnitten „Welche Rolle spielen Biochemie und Genetik?“ und „Ein Versuch zur Epigenetik“ gelernt haben. Diese „Umgebung“ wird nicht nur durch das bestimmt, was wir zu uns nehmen und was dann über das Blut zu den Zellen transportiert wird, sondern durch unseren gesamten Lebensstil und unser Denken.[31] Für unser Wohlbefinden sollten wir in unserem Alltag Dinge tun, die Spaß machen, bei denen wir merken, dass sie uns guttun und wir uns lebendiger fühlen. Dann sind wir auf dem richtigen Weg! Und das kann für jeden von uns etwas anderes sein. Prof. Sonja Lyobumirsky beschreibt in ihrem Buch „Glücklichsein“[32] zwölf Glücksaktivitäten, die sich bewährt haben, so das Ergebnis ihrer wissenschaftlichen Untersuchungen. Diese Aktivitäten beinhalten Dankbarkeit, Optimismus, Hilfsbereitschaft, soziale Beziehungen, Vergebung, Genießen, Lebensträume, Religion, Spiritualität und auch Meditation. Bei Frauen erhöht sich beispielsweise der Oxytocin-Level im Blut, wenn sie mit Freundinnen zusammen sind, reden, Kaffeetrinken. Interessanterweise profitieren Männer dagegen mehr vom Meditieren, was ihren Oxytocin-Level angeht. Eine Vermutung ist, es habe damit zu tun, dass sich die Männer während der Jäger- und Sammlerzeit nach der Rückkehr von der Jagd in der Runde, vielleicht am Feuer, zusammensetzten und sich so in sicherer Umgebung wieder entspannten.

EINFACHE *Atem-* MEDITATION

Suche dir möglichst einen Ort, an dem du nicht gestört wirst. Setze dich aufrecht hin, atme zunächst drei Mal tief in den Bauch ein und aus und entspanne dabei ganz bewusst deinen Körper, die Schultern und deine Gesichtszüge. Lasse deine Stirn glatt werden und das Kinn locker. Die einfachste Version ist das Beobachten des eigenen Atmens. Die Atemluft sollte dabei entspannt ein- und ausfließen. Vielleicht kannst du dabei wahrnehmen, wie sich die Luft etwas kühler anfühlt, wenn sie in die Nase einströmt, als beim Ausströmen? Bewerte auf einer Skala von null bis zehn vorher und nachher, wie du dich fühlst (null = sehr schlecht; zehn = sehr gut). Konntest du einen Unterschied feststellen? Mache diese Übung mindestens 10 Minuten lang, möglichst regelmäßig. Wenn du Anfängerin/Anfänger bist, kannst du mit fünf Minuten beginnen und dich mit der Zeit steigern. Du kannst diese Meditation auch im Liegen ausführen.

Um herauszufinden, was uns wirklich Freude macht, sind Gefühle von Lebendigkeit, Lebensfreude und Leichtigkeit eine gute Orientierung. Immer wenn wir spüren, dass solche Gefühle zunehmen, sind wir auf dem richtigen Weg – dann sollten wir mehr von diesem Verhalten oder diesen Tätigkeiten an den Tag legen. Übrigens sind diese Empfindungen auch im Umgang mit anderen ein guter Hinweis, um zu entscheiden, ob mir jemand guttut oder eher nicht. „Positive Emotionen verstärken" und „Unterdrückte Emotionen loslassen" werden auch im Buch von Kelly Turner als zwei von zehn Schlüsselfaktoren für die Heilung von Krebs genannt.[33]

Aber wir können nach meiner Erfahrung so viel Entspannungsübungen oder Lachyoga oder, oder, oder machen, wie wir wollen, um uns besser zu fühlen. Letztendlich werden wir am glücklichsten sein, wenn wir das Leben führen, das uns wirklich entspricht. Was also wünschst du dir aus tiefstem Herzen? Was ist dir wirklich wichtig? Was für eine Frau, was für ein Mann möchtest du sein? Unser Körper unterstützt uns dabei mit entsprechenden Signalen, Unwohlsein bis hin zu Krankheiten, damit wir uns auf die Suche nach dem machen, was wir wirklich brauchen. Unser Körper weiß, wie Heilung geht, es ist eine ihm innewohnende Fähigkeit. An uns liegt es, uns um die Dinge zu kümmern, die diese natürliche Fähigkeit beeinträchtigen. Wir versuchen meist, unsere Probleme mit unserem Verstand zu lösen; dabei spielen unsere Gefühle eine entscheidende Rolle, wie wir im Kapitel zu den inneren Bildern erfahren werden. Über die Intuition haben wir Verbindung zu dem im Körper gespeicherten Erfah-

Unser Körper weiß, wie Heilung geht, es ist eine ihm innewohnende Fähigkeit.

rungswissen, wie mir Gerald Hüther im persönlichen Gespräch bestätigte (Herbst 2023). Unsere Intuition umfasst nach meiner Überzeugung auch die Verbindung zu unserem höheren Selbst mit seiner großen Weisheit (siehe Kapitel „Spiritualität"). Wie viele andere rät Dr. Sue Morter dazu, auf die Weisheit des Körpers zu vertrauen und unseren Verstand, der ein toller Problemlöser sein kann, sozusagen als Teammitglied ins Boot zu holen, ihm aber nicht die Führung zu überlassen.[34]

Let's go deeper

Bisher haben wir die Zusammenhänge von Wohlbefinden auf der körperlichen Ebene betrachtet und wie unsere Biochemie über die Epigenetik ständig auf veränderte Bedingungen reagiert. Jetzt wollen wir mal schauen, welche Dimensionen das Materielle noch hat.

Wenn wir tiefer in die Materie eindringen, dann gelangen wir zu immer noch kleineren Teilchen, die ganz erstaunliche Eigenschaften haben. Sie besitzen gleichzeitig Wellen- und Teilchencharakter und sind durch Bewusstsein beeinflussbar, wie der Beobachtereffekt beim berühmten Doppelspalt-Experiment eindrucksvoll belegt.[35] Demzufolge sind die Objekte, die wir als fest wahrnehmen, aus Teilchen aufgebaut, die keine festen Eigenschaften haben. Das gilt auch für unseren Körper. Irgendwie schwer vorstellbar, aber andererseits sehr spannend, oder? Im genannten Doppelspalt-Experiment kommen die beiden Prinzipien zutage, auf denen das neue Weltbild der Quantenphysik beruht – dem Prinzip der Möglichkeit und der Beziehung.[36]

Die Erkenntnisse der Quantenphysik sind mit unseren Vorstellungen kaum erfassbar, bestimmen aber offensichtlich unser Leben. So ist eine Vielzahl von Stoffwechselvorgängen erforderlich, um jede einzelne Zelle, jedes Organ, ja, das Gesamtlebewesen auf allen Ebenen im Gleichgewicht zu halten. Diese Vorgänge laufen mit so hoher Geschwindigkeit ab, dass das nur auf Quantenebene möglich ist.[37] Der gesamte Kosmos besteht demnach aus einem Urgrund, den der Physiker und Philosoph Carl Friedrich von Weizsäcker als Quanteninformation bezeichnete.[38] Heute sprechen wir häufig vom Quantenfeld oder dem Feld der Möglichkeiten. Frodo und Christine Mann schreiben in ihrem Buch[39], dass dieser Urgrund alle materiellen, energetischen, vitalen und geistigen Formen unseres Seins als Möglichkeit enthält und umfasst. Alle Objekte und Energiezustände sind demnach spezielle Zustände dieser abstrakten Quanteninformation. Der in der philosophischen Tradition verwendete Begriff des Geistes ist ein Äquivalent zu dieser Urinformation. Die beiden Autoren beschreiben, dass praktisch alle Bewusstseinsvorgänge in einem dichten, unser ganzes Universum durchdringenden Netz elektromagnetischer Wellen eingebettet sind und dass unser Weltall erfüllt ist von einem immensen, pulsierenden und ineinander schwingenden Komplex von Energiefeldern.[40] Und wir befinden uns mittendrin, sind Teil davon. Aus dieser Perspektive können wir unseren Körper ebenfalls als energetisches Gebilde mit sich überlagernden Energiefeldern betrachten. Auch Gedanken und Gefühle können dann als Energien gesehen werden, die eine entsprechende Wirkung entfalten. Gefühle von Liebe oder Dankbarkeit wirken heilsam.[41] Traumata, andere belastende Erlebnisse, Widerstand, Hass und Ablehnung sind Energien, die unser Wohlbefinden und die Heilung beeinträchtigen. In diesem Zusammenhang fallen mir sogenannte Wunderheilungen ein, also Heilungen, die aus Sicht der westlichen Medizin unmöglich erscheinen, wofür es aber inzwischen unzählige Belege gibt.[42] Wer möchte, kann sich zum Beispiel bei YouTube die Heilungsgeschichte von Anita Moorjani anhören. Der Punkt ist, dass wir alle unbewusst noch das Newtonsche Modell der Physik aus dem 17. Jahrhundert in uns verankert haben. Die Quantenphysik hat diese Vorstellungen in vielen Bereichen quasi auf den Kopf gestellt. Hier geht es nicht um Ursache und Wirkung und dass alles voneinander getrennt ist, sondern darum, dass alles miteinander verbunden und Trennung damit eine Illusion ist. Und wir als Bewusstsein, als Beobachterinnen und Beobachter spielen eine entscheidende Rolle beim Entstehen von Wirklichkeit. Ein Einstein-Zitat besagt, grob übersetzt, dass das Feld über die Materie bestimmt („The Field is the only governing agency of the particle“ [43]). Das bedeutet, dass das jeweilige Feld darüber entscheidet, welche der vielen, bereits als Potentiale existierenden Möglichkeiten sich realisiert. Und das Feld, bezogen auf unseren Körper, beinhaltet unsere Gedanken und Glaubensmuster[44], unsere Gefühle sowie unsere Seele, als Teil des allumfassenden Bewusstseins, siehe Kapitel „Spiritualität und Glücklichsein“. Kein Wunder, dass sich manche Physiker angesichts der erstaunlichen Erkenntnisse der Quantenphysik in ihrem religiösen oder spirituellen Glauben bestärkt fühlten. Ich fand einen Satz aus dem Buch der Manns sehr schön und zutreffend, und zwar bezogen auf jegliche Art von Dogma, nicht nur religiösen Ursprungs: Sie schreiben, wenn spezifische religiöse Lehrinhalte und Vorschriften unwichtiger würden, „können die Menschen viel offener und empfänglicher für ihre eigenen Erfahrungen werden und vielleicht die kosmischen Dimensionen, die Wandelbarkeit und das Schwingende ihres Daseins stärker erfahren".[45]

Zusammenfassung

Glücklichsein ist etwas, das wir mit unserem Körper fühlen. Die Suche nach Glück ist auch die Suche nach einem harmonischen Zustand zwischen Herz und Gehirn. Dazu müssen unsere Erwartungen zu dem passen, was wir erleben. Bei der Herstellung der mentalen und emotionalen Kohärenz spielt unser Herz eine Schlüsselrolle. Es hat ein eigenes neuronales Netzwerk, mit dem es agieren kann, um zu lernen, sich zu erinnern, zu fühlen und wahrzunehmen (Herzintelligenz). Wenn uns beispielsweise etwas gut gelingt, wir eine gute Lösung für ein Problem gefunden haben, dann wird in unserem Gehirn das Belohnungszentrum aktiviert und bestimmte Botenstoffe werden ausgeschüttet. Diese wirken wie Dünger, so dass sich die Lösung im Gehirn strukturell verankert und wir später auf das Gelernte zurückgreifen können. Die Grundlage dieser Vorgänge bilden epigenetische Mechanismen. Wie die Erkenntnisse der Epigenetik zeigen, beeinflusst die Umgebung die Regulation der Gene permanent und dynamisch. Diese „Umgebung" wird nicht nur durch das bestimmt, was wir aufnehmen (Nahrung, Medikamente, Schadstoffe etc.) und über das Blut zu den Zellen gelangt, sondern auch von unserer Seele, unseren Gedanken und Gefühlen und unserem gesamten Lebensstil.

Alles was unsere Lebensfreude erhöht, uns lebendiger und leichter fühlen lässt, beeinflusst über epigenetische Mechanismen unsere Genaktivität und damit die Biochemie in Richtung Wohlergehen und Gesundheit. Eine wichtige Rolle spielt dabei der Zustand unseres Nervensystems, der davon abhängt, wie gestresst wir sind und ob wir uns sicher fühlen. Um glücklicher und gesünder zu werden, sollten wir mehr von dem tun, was sich gut anfühlt.

Die Erkenntnisse der Quantenphysik sind mit unseren vertrauten Vorstellungen schwer vereinbar. Sie bestimmen offensichtlich dennoch unser Leben. Ein Beleg dafür sind unsere Stoffwechselvorgänge, die mit so hoher Geschwindigkeit ablaufen, wie das nur auf Quantenebene möglich ist.

Unser Körper kann als energetisches Gebilde mit sich überlagernden Energiefeldern betrachtet werden. Gedanken und Gefühle sind dann ebenfalls Energien, die sich entsprechend positiv oder ungünstig auswirken können.

Was wir als feste Materie wahrnehmen, also auch unseren Körper, löst sich auf, je tiefer wir zu den immer kleineren Teilchen vordringen, aus denen er sich zusammensetzt. Am Ende bleibt nichts als Schwingung.

Mögest du deinen wundervollen Körper lieben und dich wohlig in ihm zuhause fühlen!

DEINE INNEREN BILDER UND GLÜCKLICHSEIN

„Wir sind das Ergebnis der in der Vergangenheit von uns gefundenen Lösungen."

Gerald Hüther

In diesem Kapitel beschäftigen wir uns damit, was unsere inneren Bilder mit unserem Wohlbefinden zu tun haben und wie wir geworden sind, wie wir sind. „Innere Bilder" sind Vorstellungen, Glaubenssätze und andere Überzeugungen, die wir uns im Laufe unseres Lebens aneignen. Die Ausführungen in diesem Kapitel basieren hauptsächlich auf den Erkenntnissen von Gerald Hüther.[46]

Wir alle streben nach Glück, einem Zustand, in dem alles gut zusammenpasst. Unsere Erwartungen passen dann zu dem, was wir gerade erleben, und wir fühlen uns im Reinen mit uns selbst – ein paradiesischer Zustand. Dass dieser nicht lange anhält, weil uns wieder irgendetwas stört oder das Leben schon mit der nächsten Herausforderung um die Ecke kommt, können wir alle bestätigen. Und so ist unser Verstand ständig auf der Suche nach Lösungen. Um das Zitat von Gerald Hüther auf der gegenüberliegenden Seite nachvollziehen zu können, müssen wir die Zeit etwas zurückdrehen.

Wir kommen auf die Welt mit der Erwartung, dass das Leben so weitergeht, wie wir es in den ersten neun Monaten erfahren haben: Dass wir weiterhin innige Verbundenheit erleben und uns gleichzeitig entfalten dürfen, so wie wir es im Bauch unserer Mutter erlebt haben. Hier ist der Ursprung dieser beiden Grundbedürfnisse. Wir waren sehr eng mit einem anderen Menschen verbunden und haben in dieser Geborgenheit bereits eine erstaunliche Entwicklung durchlaufen und Fähigkeiten erworben. Unser Gehirn hat beispielsweise im Zusammenspiel mit den sich entwickelnden Gliedmaßen die entsprechenden neuronalen Verbindungen herausgebildet, um diese koordiniert bewegen zu können. Später müssen wir dann die Erfahrung machen, dass auch die geduldigsten Bezugspersonen ihre Grenzen haben, wenn es um das Ausleben unserer Entdeckerfreude geht, oder dass sie doch sehr konkrete Vorstellungen davon besitzen, wie sie uns gerne hätten. Wenn wir solche Erfahrungen machen, entsteht Unruhe (Inkohärenz) in unserem Gehirn, weil unsere Grundbedürfnisse auf die eine oder andere Weise nicht befriedigt werden. Wir erleben, dass wir nicht mehr einfach so sein dürfen, wie wir von Natur aus sind – Wesen, die verbunden sein wollen und zum Ausdruck bringen möchten, was in ihnen ist. Da unser Gehirn von Natur aus einen kohärenten Zustand anstrebt, weil es dann am wenigsten Energie verbraucht, müssen wir eine Lösung finden, die wieder Ruhe einkehren lässt. Sind wir „brav", um weiterhin geliebt zu werden? Dann müssen wir unser Bedürfnis nach Entfaltung unterdrücken. Wenn wir das tun, bilden sich in unserem Gehirn regelrecht hemmende Strukturen. Dadurch kehrt dort wieder mehr Ruhe ein und wir nehmen unsere Bedürfnisse nicht mehr so deutlich wahr. Auch im anderen Fall, wenn wir eher das Verlangen nach Zugehörigkeit für unsere Entfaltung opfern, reagiert unser Gehirn entsprechend, um wieder Kohärenz zu erzeugen. Die Lösungen, die wir für Situationen finden mussten, in denen andere uns zu Objekten ihrer Maßregelungen, Vorstellungen und Wünsche gemacht haben, bestimmen unser zukünftiges Verhalten. Völlig unterdrücken lassen sich unsere Grundbedürfnisse allerdings nicht. Wie immer unsere Lösungen aussehen, sie haben Konsequenzen für unsere Entfaltung und somit für unser Leben. Der Begriff „Lösung" wird hier ohne Bewertung verwendet. Eine Lösung steht für das, was wieder Ruhe ins Gehirn bringt. Vermutlich kann jeder von uns mit Blick in die eigene Vergangenheit nachvollziehen, dass wir öfters in Situationen kamen, in denen wir gezwungen waren, eines unserer Grundbedürfnisse buchstäblich für das andere zu opfern. Lösungen, die sich dabei bewährt haben, werden besonders fest in unseren Köpfen verankert. Der Psychologe Donald Ording Hebb beschrieb schon 1949, dass Neuronen sich umso stärker verbinden, je mehr sie gemeinsam aktiviert werden („What fires together, wires together", Hebbsche Lernregel [47]). Wir verfügen über sage und schreibe 86 Milliarden Neuronen. Das ist eine unvorstellbar große Zahl. Ähnlich unvorstellbar wie die Anzahl Sterne in unserer Milchstraße, die grob auf 100 bis 400 Milliarden geschätzt wird.

Mit unseren spezifischen Erfahrungen sind innere Bilder entstanden, die wir als handlungsleitende Muster nutzen, um uns in der Welt zurechtzufinden. Sie sind die Basis für unsere Reaktionen und Problemlösungen, auch für unser Herangehen an neue Aufgaben. Vor dem Hintergrund dieser handlungsleitenden Muster gestalten wir die Beziehungen zu anderen und unser gesamtes Leben. Das bedeutet, dass unsere inneren Bilder eine enorme Bedeutung haben: Sie entscheiden über unser Glücklichsein! Der Glücksforscher Dr. Wasundhara Joshi beschreibt das Schicksal zweier indischer Ärztinnen, die es geschafft hatten, sich aus einer vergleichbar schwierigen, von Gewalt geprägten Ehe zu befreien. Sie hatten anschließend beide als Ärztinnen gearbeitet, aber eine der beiden beschrieb sich als glücklich, die andere eher als unglücklich. Dr. Joshi zog anhand dieses und anderer Beispiele den Schluss: „Es geht beim Glücklichsein auch um die Geschichte, die wir uns erzählen, wenn wir uns weigern, Opfer zu sein."[48]

Unsere inneren Bilder sind Vorstellungen, von denen wir glauben, dass sie uns helfen, inkohärente Zustände in unserem Gehirn wieder in kohärente zu verwandeln. In einem Zustand der Kohärenz passt alles gut zusammen und wir fühlen uns wohl. Unsere Vorstellungen, Handlungs- und Reaktionsmuster sowie unsere Reflexe sind Ausdruck unserer inneren Bilder. Wenn du beispielsweise die Erfahrung gemacht hast, dass dich deine Eltern besonders mochten, wenn du ihre Erwartungen erfüllt hast, dann hast du vielleicht darauf verzichtet, deinen eigenen Gestaltungsimpulsen zu folgen. Deine Lösung war, sich daran zu orientieren, was andere von dir erwarten, um dein Grundbedürfnis nach Verbundenheit zu stillen. Dieses Lösungsmuster etabliert sich durch entsprechende Erfahrungen als inneres Bild und bildet die Basis für dein Verhalten. Wenn du mit dieser Lösung im Leben unterwegs bist, wirst du irgendwann feststellen, dass du Dinge tust, die dir eigentlich nicht entsprechen, vielleicht sogar einen Beruf gewählt hast, der den Vorstellungen deiner Eltern entsprach, in dem du aber nicht glücklich bist. Manche Menschen fallen beispielsweise unangenehm auf, weil sie immer versuchen, sich gegen andere durchzusetzen. Ein solches Lösungsmuster hatte vielleicht schon im Sandkasten seine Anfänge, trägt aber mit hoher Wahrscheinlichkeit nicht dazu bei, glücklich zu sein.

Unser Leben wird also in erheblichem Maße von den spezifischen Problemen bestimmt, mit denen wir in der Vergangenheit konfrontiert waren. Zutreffender ausgedrückt:

„Es geht beim Glücklich-
sein auch um
die Geschichte, die wir uns
erzählen, wenn wir uns
weigern, Opfer zu sein.“

Wasundhara Joshi

Von den Lösungen, die wir jeweils dafür gefunden und uns „selbst ins Hirn gebaut haben", wie Gerald Hüther sagt.

Auch unser Ich-Konstrukt beziehungsweise unser Selbstbild ist ein inneres Bild. „Es ist faszinierend, dass unsere inneren Bilder der materialisierte Ausdruck von Erfahrungen sind, weil sich hier immaterielle Erfahrungen in eine materielle Netzwerkstruktur verwandelt haben."[49] Dein Verhalten ist Ausdruck einer inneren Einstellung. Auch merkwürdige Verhaltensweisen, die wir bei anderen gerne als „Macken" bezeichnen, können Ausdruck von inneren Bildern sein. Wenn du also an deinem Verhalten etwas ändern möchtest, musst du deine inneren Bilder ändern, die deine in der Vergangenheit von dir gefundenen Lösungen repräsentieren. Dabei macht es Sinn, nachzuforschen, wann und wie eine Einstellung entstanden ist und wobei sie dir in der Vergangenheit geholfen hat. Es gibt die unterschiedlichsten Herangehensweisen und Konzepte, wie wir uns verändern können, um glücklicher zu werden. Ich bin selbstredend Fan der schamanischen Arbeit, wie weiter unten ausgeführt. Je größer die Buntheit und Fülle in unserem Inneren, desto mehr Reaktionsmöglichkeiten stehen uns zur Verfügung und desto offener begegnen wir auch der Welt.

Kinder entfalten unter optimalen Bedingungen die in ihnen angelegten Potentiale automatisch, denn Potentialentfaltung ist ein Merkmal alles Lebendigen. Dazu brauchen sie allerdings die verlässliche Verbundenheit von Bezugspersonen und von Anfang an lösbare (!) Probleme, um zu wachsen, Fähigkeiten zu entwickeln

„Es ist faszinierend, dass unsere inneren Bilder der materialisierte Ausdruck von Erfahrungen sind, weil sich hier immaterielle Erfahrungen in eine materielle Netzwerkstruktur verwandelt haben.“

Gerald Hüther

und sich als kompetent wahrzunehmen. Daher ist Kindererziehung eine sehr anspruchsvolle Aufgabe.

Auch wenn wir alle uns paradiesische Zustände erträumen, ist es nicht möglich, einen dauerhaften Glückszustand zu erreichen, so lange wir am Leben sind, weil die nächste Herausforderung mit Sicherheit kommt. Deshalb lautet der pragmatische Vorschlag von Gerald Hüther, eine begeisterte Problemlöserin, ein begeisterter Problemlöser zu werden. Vergegenwärtige dir einmal, wie du dich gefühlt hast, als du ein Problem wieder einmal erfolgreich gelöst hast. Konntest du vielleicht so etwas wie inneres Glück spüren? Wir schöpfen Kraft aus der Erfahrung, inkohärente Zustände im Leben immer wieder in kohärente wandeln zu können. Das bedeutet auch, dass wir einen Zustand von Glück nur erleben, wenn wir vorher unglücklich gewesen sind. Wenn es uns also gelänge, ein starkes „Kohärenz-Wiederherstellungs-Kompetenz-Gefühl" zu entwickeln, wäre das sicherlich förderlich für unser Glücksempfinden. Das gelingt, wenn wir immer wieder die Erfahrung machen, dass wir in der Lage sind, für alle Störungen und Probleme eine geeignete Lösung zu finden. Menschen, die das erreicht haben, strahlen eine große Gelassenheit aus.[50]

Innere Bilder entstehen bei besonderen Erfahrungen, nämlich dann, wenn das kognitive und das emotionale Netzwerk gleichzeitig aktiv sind. Unsere Erfahrungen werden in Form neuronaler Verschaltungsmuster in unserem Gehirn richtiggehend verkörpert. Sie werden dabei „immer gleichzeitig auf der kognitiven, auf der emotionalen und auf der körperlichen Ebene in Form entsprechender Denk-, Gefühls- und körperlicher Reaktionsmuster verankert und aneinander gekoppelt“[51]. Das nennt sich „Embodiment“, zu Deutsch „Einverleibung“. So entsteht eine Meta-Erfahrung, die als innere Haltung fest in unserem Gehirn sitzt. In dem Bestreben, permanent Energie zu sparen, automatisiert unser Gehirn. So entstehen unsere inneren Bilder. Alltagsroutinen sind ein Beispiel für dieses Automatisieren oder auch Aktivitäten wie Fahrrad- oder Autofahren. Wir können so vieles automatisch tun, ohne immer wieder neu überlegen zu müssen, was wie wann zu tun ist.

Es gibt keinen Grund, den Kopf hängen zu lassen, wenn wir feststellen, dass wir innere Bilder mit uns herumtragen, die unserem Wohlbefinden im Weg stehen. In unserem Gehirn ist nichts in Stein gemeißelt. Wie der Gehirnforscher Manfred Spitzer bei einem Vortrag Anfang 2022 sagte: „Dass sich das Gehirn mit seiner Benutzung ändert, ist die wichtigste Erkenntnis der Neurowissenschaft.“[52] Solange wir am Leben sind, sind wir auch in der Lage, uns zu verändern.[53] Gerald Hüther vergleicht unser Gehirn mit einer Baustelle. Unser Gehirn ist dann sozusagen eine Dauerbaustelle im positiven Sinn: Ich kann die oberen Stockwerke meines Hauses lebenslang ausbauen, um mich glücklicher zu fühlen. Das Bauwerk kann um so größer und stabiler werden, je fester und breiter das Fundament angelegt ist. Uns zu verändern, fällt uns allerdings nicht leicht, denn mit den energiesparenden Routinen im Gehirn sind wir Gewohnheitstiere. Außerdem macht es uns Angst, das Vertraute zu verlassen und uns auf unbekanntes Terrain zu begeben. Zum Thema Ängste mit all ihren Schattierungen ist es hilfreich, zu wissen,

» Dass sich das Gehirn mit seiner Benutzung ändert, ist die wichtigste Erkenntnis der Neurowissenschaft. «

Manfred Spitzer

dass sie unsere geistige und emotionale Entwicklung in Bewegung bringen.[54] Bei der schamanischen Arbeit[55] betrachten wir die Angst als Freundin.

Wenn wir uns verändern möchten, müssen wir unsere alten Lösungsmuster, unsere inneren Bilder ändern, denn sie steuern uns. Dazu müssen wir uns mit ihnen beschäftigen und neue Erfahrungen machen. Jeder von uns hat ein inneres Bild, wer er sein möchte. Über dieser Vorstellung stehen unser allgemeines Menschenbild und unser Weltbild. Welches Weltbild hast du? Wie ist es entstanden? Wovon gehst du aus? Deine diesbezüglichen Ideen bestimmen auch die Erfahrungen, denen du dich aussetzt. Fördert dein Weltbild dein Wohlbefinden? Welches Menschenbild[56] hast du? Es lohnt sich, dass wir uns mit diesen inneren Bildern beschäftigen.

Tipp

Sei grundsätzlich dafür! Das ist viel wirkungsvoller, als gegen etwas zu sein. So kann die ganze Energie in das Gewünschte fließen und wird nicht im Widerstand verbraucht. Das trifft grundsätzlich auf alles zu. Außerdem fühlst du dich sehr viel besser, wenn du den Fokus auf das richtest, was du erreichen möchtest!

Da unsere Erfahrungen immer gleichzeitig als entsprechende Denk-, Gefühls- und körperliche Reaktionsmuster abgespeichert werden und somit engstens miteinander verbunden sind, verändert sich das gesamte neuronale Netzwerk, wenn du bei nur einer der drei Komponenten etwas veränderst. So könntest du beispielsweise eine andere Körperhaltung einnehmen (körperliche Ebene) oder emotional anders reagieren (Gefühlsebene) oder auch eine Sache anders betrachten als zuvor (Denk-Ebene). Das gesamte Netzwerk würde beginnen, sich zu verändern. Änderungen sind, wie gesagt, auf allen drei Ebenen möglich. Da unser Körper einen besonderen Zugang zu dem bietet, was wir erlebt haben, ist es günstig, dort anzusetzen, alte Bewegungsmuster und eingefahrene Körperhaltungen zu verändern und überhaupt den eigenen Körper wiederzuentdecken. Meditation, Yoga, körperliche Aktivitäten wie Sport oder Tanzen helfen ebenfalls, alte Denkmuster zu durchbrechen und damit unser Wohlbefinden zu fördern. Probiere aus, wie anders du dich dabei fühlst.

Es gibt viele Möglichkeiten, Veränderungen anzugehen. Für die komplexen Umbauprozesse in unserem Gehirn braucht es aber mehr als Gespräche und Ratschläge, es sei denn, sie führen zu emotional aufrüttelnden Erkenntnissen. Sehr viel wirksamer sind reale Erfahrungen, die wir mit allen Sinnen machen können. Wenn in uns lange verschüttete Sehnsüchte wieder geweckt werden, beispielsweise ausgelöst durch eine besonders berührende Erfahrung, kann dies auch zur Änderung tiefsitzender Prägungen führen. Unser Leben verändert sich zwangsläufig, wenn es uns gelingt, unsere inneren Bilder zu verändern![57]

Veränderungen können wir aber nicht nur erreichen, indem wir im Außen tatsächlich eine neue Erfahrung machen; wir können

„Verändern können wir übrigens immer nur uns selbst, andere können wir höchstens dazu einladen, ermutigen oder inspirieren."

Gerald Hüther

zudem meditative Zustände nutzen und uns nach innen wenden. Auch dort können wir uns neu erfahren und verändern. Bei meiner schamanischen Arbeit induziere ich dazu einen veränderten Bewusstseinszustand durch monotones Trommeln. Er hilft dabei, Zugang zu den inneren Bildern zu bekommen und sie zu wandeln. Optimalerweise kann sich die Klientin/der Klient anschließend unmittelbar verändert wahrnehmen und fühlen (!).

Eine weitere Möglichkeit, uns innerlich neu aufzustellen und zu verändern, ist eine Methode, bei der wir mit einer Vision des gewünschten Ergebnisses arbeiten, wie sie im nächsten Kapitel unter Abschnitt „Manifestieren" beschrieben wird. Auch die Intentionsarbeit nach Lynne McTaggart[58] nutzt eine konkrete Vision zur Unterstützung von Veränderungen und Heilung. Sie findet in einer „Power of Eight"-Gruppe statt. Die Teilnehmerinnen und Teilnehmer versetzen sich dabei intensiv in eine zuvor detailliert schriftlich festgehaltene Vision und halten sie für zehn Minuten in ihrer Vorstellung, so als ob sie schon Wirklichkeit geworden wäre. Ich leite selbst eine „Power of Eight"-Gruppe, in der wir schon die unterschiedlichsten Anliegen unterstützt haben und immer wieder erstaunliche Ergebnisse erzielen.

Es geht in diesem Leben darum, uns aus unseren Verwicklungen, in Form hinderlicher innerer Muster, zu befreien. Wenn es dann noch gelänge, unseren lebenslangen Suchprozess nach geeigneten Lösungen zu genießen und ein starkes „Kohärenz-Wiederherstellungs-Kompetenz-Gefühl"[59] zu entwickeln, wären wir glücklich. Wir wären zuversichtlich und hätten

Lust, immer wieder neue Erfahrungen zu machen, und würden engagiert unsere Herzensanliegen verfolgen. Unterwegs könnten wir uns immer mehr kennen- und lieben lernen und ganz bei uns ankommen – einem von Natur aus liebevollen schöpferischen Wesen.

Zusammenfassung

Jeder Mensch sei das Ergebnis seiner bisher gefundenen Lösungen, sagt Gerald Hüther. Jede Herausforderung bringt unser Gehirn in einen Zustand der Unruhe (Inkohärenz). Die jeweilige Lösung stellt die Kohärenz wieder her, einen Zustand, in dem alles gut zusammenpasst und am wenigsten Energie verbraucht wird. Wir kommen auf die Welt mit der Erwartung, dass wir innige Verbundenheit und Entwicklung weiterhin erleben werden, so wie in den vorangegangenen neun Monaten. Beim Heranwachsen machen wir die Erfahrung, dass diese beiden Grundbedürfnisse mehr oder weniger oft nicht befriedigt werden. Für die Inkohärenzen, die dadurch in unserem Gehirn entstehen, müssen wir Lösungen finden, um den Energieverbrauch zu reduzieren. Die Lösungen, die wir für unsere spezifischen Erfahrungen gefunden haben, werden als innere Bilder in unserem Gehirn verankert. Sie werden als neuronale Netzwerkstrukturen materialisiert und dienen uns als handlungsleitende Muster, um in der Welt zurechtzukommen. Diese Muster entscheiden über unser Glücklichsein, weil wir damit die Beziehung zu uns selbst und anderen gestalten. Die gute Nachricht ist, dass sich diese Muster ein Leben lang verändern lassen, weil unser Gehirn plastisch ist. Entscheidend für unser Glücklichsein ist auch die Geschichte, die wir uns selbst erzählen. Verändern können wir immer nur uns selbst; andere können wir dazu einladen, ermutigen oder inspirieren. Für eine Veränderung müssen wir die inneren Bilder ändern, weil sie uns steuern, und dafür gibt es die unterschiedlichsten Herangehensweisen.

Mögest du eine wohlwollende Geschichte über dich selbst erzählen!

Blanko-VERGEBUNG

Vergeben zu können ist eine wichtige Maßnahme, um Erinnerungen an leidvolle Erfahrungen loszulassen. Sprich die folgende Formel mindestens dreimal und mit emotionalem Nachdruck laut aus: „Ich vergebe alles, was damit zusammenhängt, ganz und gar – mir und allen Beteiligten. Es spielt keine Rolle mehr!“ Diese Formel stammt von Serge Kahili King[60] und du kannst sie auch anwenden, wenn du nicht weißt, was genau passiert ist und wer beteiligt war. Die Blanko-Vergebung kann auch bei körperlichen Beschwerden helfen. Probiere es aus!

DEINE LEBENSGESTALTUNG UND GLÜCKLICHSEIN

„Be the change you want to see in the World!“

Mahatma Gandhi

In diesem Abschnitt werden wir erfahren, was wir konkret im Alltag tun können, um glücklicher zu werden. Wir lernen auch, was die Zutaten für eine erfolgreiche Wunscherfüllung sind (Manifestieren).

Die renommierte amerikanische Psychologin Sonja Lyubomirsky beschreibt in ihrem Standardwerk zum Glücklichsein[61] zwölf wissenschaftlich ermittelte Glücksaktivitäten:

- Dankbarkeit entwickeln
- Optimistisch sein
- Grübeleien und soziale Vergleiche vermeiden
- Hilfsbereit sein
- Soziale Beziehungen pflegen
- Bewältigungsstrategien entwickeln
- Vergeben
- Flow-Erfahrungen schaffen
- Die Freuden des Lebens genießen
- Lebensträume verwirklichen
- Sich mit Religion und Spiritualität beschäftigen
- Sich um den eigenen Körper kümmern mit Meditation, Sport und sich wie ein glücklicher Mensch verhalten.

Sie fordert die Leserinnen und Leser auf, sich daraus ein Paket von individuell passenden Aktivitäten zu schnüren und diese im Alltag umzusetzen.

Oft steht eine ganz konkrete Herausforderung im Vordergrund, die uns am stärksten belastet und damit unserem Glücklichsein im Wege steht. Dann müssen wir uns selbstverständlich in erster Linie darum kümmern. Aber unabhängig davon, womit wir es zu tun haben, einer Krankheit oder einer anderen Krise, es macht in jedem Fall Sinn, sich zusätzlich mit Glücksaktivitäten zu beschäftigen, wie die Glücksforschung[62] und auch die Erhebungen von Kelly Turner[63] mit Krebspatientinnen und -patienten nahelegen!

Wie wir im Kapitel „Deine inneren Bilder und Glücklichsein" gelernt haben, ist unser momentanes Leben das Ergebnis der bisher in unserem Leben gefundenen Lösungen. Das bedeutet, dass sie unsere Gegenwart bestimmen. Wir gestalten mit ihnen unser Leben. Diese Lösungen haben uns in der Vergangenheit geholfen, wieder Kohärenz in unserem Gehirn zu erzeugen, auch wenn es objektiv betrachtet vielleicht keine gute Lösung war, beispielsweise beim Auftreten von belastenden Emotionen oder negativem Stress, Alkohol zu trinken oder übermäßig zu essen.

Wenn du glücklicher werden möchtest, braucht es in erster Linie eine Veränderung, und zwar in dir selbst. DU musst dich verändern! Das ist leicht gesagt, aber in der Praxis bedeutet es, Vertrautes aufzugeben. Wer bist du, wenn nicht mehr dein so selbstverständlich vertrautes Ich? Das geht so weit, dass manche Menschen lieber in unglücklichen Lebensumständen verharren, weil sie vor dem Unbekannten zu viel Angst haben. Es braucht meist eine starke Motivation, nach meiner Erfahrung häufig eine Krise, die uns hilft, vertraute Pfade zu ver-

GLÜCKS-aktivität DANKBARKEIT

Überlege dir am Abend drei Dinge, für die du heute dankbar bist (Glücksaktivität[64]). Und mache dann die Herz-Kohärenz-Meditation mit dem Gefühl der Dankbarkeit. Nimm intensiv wahr, wie sich dein Körper anfühlt und bedanke dich explizit auch bei ihm für seine treuen Dienste, während du dieses Gefühl hältst. Dabei wird dein Vagusnerv aktiviert, was sehr entspannend und heilsam ist.

lassen. Es ist hilfreich, in Krisensituationen geduldig und liebevoll mit sich selbst zu sein, zunächst anzunehmen, was ist, und darauf zu vertrauen, dass es wieder besser wird. Manchen gelingt es, sich selbst dem für sie vermeintlich schlechtesten Ausgang einer Situation stellen zu können, wodurch sie eine heilsame innere Freiheit erreichen. Wichtig ist, auch, zu akzeptieren, dass manches einfach seine Zeit braucht und wir nicht alles sofort „klarmachen" können. Krisen beherbergen immer ein Geschenk. Davon bin ich fest überzeugt und habe es selbst erlebt. Ich entwickelte vor vielen Jahren, wie aus heiterem Himmel, eine sogenannte Angststörung. Auch wenn das alles andere als angenehm war, bin ich meiner Angst heute dankbar, denn auf der Suche nach einer Lösung fand ich letztendlich zu einem deutlich bunteren und erfüllteren Leben. Ich habe damals meinen gut bezahlten Managerjob in der Pharmaindustrie an den Nagel gehängt, hatte das Glück, noch Mutter werden zu können, und kann heute mit meiner schamanischen Tätigkeit Menschen dabei helfen, in ihre Kraft zu kommen. Angst ist eine Freundin, die sich unter anderem dann meldet, wenn wir uns zu weit von uns selbst und unseren lebendigen Bedürfnissen entfernen. Gerald Hüther schreibt in „Biologie der Angst"[65], dass eine mit der Angst einhergehende unkontrollierbare Stressreaktion mit ihren destabilisierenden Einflüssen das Ausbrechen aus den bisherigen Bahnen unseres Denkens, Fühlens und Handelns und die Suche nach neuen, geeigneteren Wegen ermöglicht.

Sich die Vorstellung zu eigen zu machen, dass Krisen, einschließlich Krankheiten, einen Sinn haben, hilft uns schwierige Zeiten besser zu überstehen. Dann werden wir versuchen, die Herausforderung zu nutzen, uns aus unseren Verwicklungen zu befreien. Wir kommen dann automatisch mehr bei uns selbst an, wissen mehr, was wir möchten und was uns guttut. So kommen wir gestärkt aus einer Krise heraus, sind mehr in unserer Kraft und in der Lage, unser Leben nach unseren Wünschen zu gestalten, was entscheidend zu unserem Wohlbefinden beiträgt.

Davon ausgehend, dass wir in erster Linie spirituelle Wesen sind, ist unsere Seelenebene logischerweise immer von Bedeutung. Im Falle eines Schnupfens vielleicht nicht, aber wenn ich beispielsweise ständig krank bin, stellt sich die Frage nach tiefer liegenden Gründen. Nur um das hier nicht unerwähnt zu lassen: Es steht außer Frage, dass unser Körper neben einer guten seelischen Verfassung auch gute Ernährung, ausreichend Bewegung und Schlaf benötigt, um gesund zu bleiben. Schamanische Arbeit ist eine Möglichkeit, um zu klären, was es auf Seelenebene braucht, um eine Herausforderung zu bewältigen. Dabei begegnen mir auch immer wieder unerwartete Zusammenhänge mit Erfahrungen, die nicht aus diesem Leben zu kommen scheinen. Der Vollständigkeit halber möchte ich hier anmerken, dass die schamanische Arbeit eine unterstützende Maßnahme auf der Seelenebene darstellt. Sie hat nicht den Anspruch, eine medizinische Behandlung zu ersetzen.

Wie wir mit uns selbst, mit anderen Menschen, mit Erfahrungen und Lebenssituationen umgehen, beeinflusst entscheidend unser Wohlbefinden und unseren Lebenserfolg, aber auch Gesundheit und Heilung. Als Orientierungshilfe hat Dr. Serge Kahili King hawaiianische Weisheitslehren in den sieben Huna[66]-Prinzipien zusammengefasst. Auch er betont, dass wir uns aktiv um unser Glück kümmern müssen, dass dies sogar die wichtigste Sache in unserem Leben sei. Er hat uns die unten beschriebenen Huna-Prinzipien als wertvolle Werkzeuge zur Verfügung gestellt, um unseren Alltag bewusst auf mehr Wohlbefinden auszurichten.[67] Wenn es uns gelingt, diese Prinzipien in unserem Alltag zu berücksichtigen und umzusetzen, schaffen wir die beste Voraussetzung für mehr Glücklichsein in unserem Leben. Wenn wir etwas ändern möchten, dann müssen WIR uns verändern und anders handeln, als wir es bisher getan haben. Ich hatte das Glück, Serge Kahili King und seine Frau Gloria 2019 auf Big Island besuchen zu können. Das Paar lebt die Huna-Prinzipien und führt mit seinen fast 86 Jahren immer noch ein sehr vitales und glückliches Leben. Serge Kahili King bezeichnet die Huna-Prinzipien als Werkzeuge, um unsere Wirklichkeit zu verändern.

Werkzeuge, um unsere Wirklichkeit zu verändern[68]

1. Prinzip: Die Welt ist, wofür du sie hältst
Zunächst lässt sich festhalten, dass die EINE Wirklichkeit gar nicht existiert – gar nicht existieren kann. Allein schon deshalb nicht, weil wir die Außenwelt über weitergeleitete Sinneseindrücke in unserem Gehirn verarbeiten. Und nebenbei bemerkt ist die Wahrnehmung mit unseren Sinnen begrenzt. So können wir beispielsweise nur einen sehr kleinen Anteil des gesamten Lichtspektrums wahrnehmen. Zudem ist unser

Gehirn keine neutrale Instanz, weil es sich durch unsere individuellen Erfahrungen geformt hat und weiterhin formt. Das bedeutet, dass ich alles, was ich erlebe, vor dem Hintergrund von persönlichen und damit subjektiven Voreinstellungen „auswerte". Bei diesem ersten Prinzip geht es darum, wie entscheidend es ist, durch welche Brille ich die Welt betrachte.

Frage dich › Wie sehe ich die Welt? Habe ich den Eindruck, dass mir dieses Leben zustößt? Oder ist es für mich ein Abenteuer mit vielen Herausforderungen und Gelegenheiten? Wie sehe ich mich selbst? Welche Geschichte erzähle ich mir und anderen über mich und mein bisheriges Leben? Du hast immer die Wahl, dich für eine noch glücklicher machende Sichtweise zu entscheiden!

Umsetzung › Sei dir bewusst, dass die Außenwelt, wie du sie erlebst, nicht getrennt von dir existiert, dass du sie entscheidend mitgestaltest! Unsere gemeinsame Wirklichkeit gestalten selbstredend alle Beteiligten mit.

2. Prinzip: Es gibt keine Grenzen

Diese Aussage erscheint zunächst absurd. Wir erleben überall Grenzen. Und wir brauchen Grenzen und Spielregeln, um in diesem Leben Erfahrungen machen zu können. Was unser Universum betrifft, so gehen die meisten Physiker davon aus, dass es grenzenlos ist.

Das zweite Huna-Prinzip beinhaltet auch, dass alles miteinander in Verbindung steht[69], worauf beispielsweise die Quantenfeldtheorie[70] hindeutet. Ganz praktisch geht es allerdings beim zweiten Prinzip darum, in unserem Alltag limitierende Glaubenssätze und Überzeugungen zu identi-

Sei dir bewusst, dass die Außenwelt, wie du sie erlebst, nicht getrennt von dir existiert, dass du sie entscheidend mitgestaltest!

fizieren und bewusst zu ändern. Damit erweitern wir unsere Sicht auf uns selbst und die Welt.

Frage dich › Wo wird mein Glücklichsein durch Begrenzungen beeinträchtigt, die ich mir selbst auferlegt oder eventuell unbewusst von anderen übernommen habe?

Umsetzung › Kläre hinderliche Begrenzungen und wandle sie zu Glaubenssätzen und Verhaltensweisen, die deine Leichtigkeit und Lebensfreude wachsen lassen!

3. Prinzip: Energie folgt der Aufmerksamkeit
Dieses Prinzip bedeutet, dass wir die Aspekte in unserem Leben verstärken, an die wir häufig denken, sowohl die positiven als auch die problematischen. Dieses Prinzip erleben wir alle, wenn wir gegen etwas ankämpfen und es loswerden wollen: Es verstärkt sich. Diese Gesetzmäßigkeit nutzen wir auch beim Manifestieren, worüber wir später in diesem Kapitel sprechen werden.

Frage dich › Welchen Aspekten schenke ich viel Aufmerksamkeit? Welche Themen haben das größte Gewicht im Gespräch mit anderen? Wie lange lasse ich zu, dass mein Ärger nach einer Meinungsverschiedenheit anhält?

Umsetzung › Konzentriere dich auf das, was du erreichen möchtest, und erwarte grundsätzlich das Beste! Lege dein Augenmerk grundsätzlich auf das Gute und Erfreuliche in deinem Leben! Dann wird es sich vermehren! Dies gilt übrigens auch in einem gesundheitlichen Kontext. Schenke dem Heilen in deinem Körper die meiste Aufmerksamkeit (natürlich nicht, ohne dich um eventuell erforderliche Maßnahmen für deine Gesundung zu kümmern)!

4. Prinzip: Jetzt ist der Augenblick der Macht
Wir gestalten unser Leben in jedem Augenblick. Wenn wir etwas ändern möchten, dann müssen wir JETZT etwas anders tun, als wir es bisher getan haben. Dazu braucht es Bewusstheit und Gegenwärtigkeit. Genau betrachtet, haben wir immer nur den jeweiligen Augenblick zur Verfügung, in dem wir aktiv etwas (anders) tun können. Denn die Vergangenheit lässt sich nicht ändern und existiert lediglich als Erinnerung und, wie die Hirnforschung gezeigt hat, werden Erlebnisse nicht 1:1 abgespeichert. Die Zukunft existiert nicht und wartet noch darauf, von uns gestaltet zu werden. Wenn ich meine Aufmerksamkeit aus vergangenen Ereignissen abziehe, dann aktiviere ich auch nicht die Gefühle, die damit verbunden sind – häufig Ärger oder Trauer. Und wenn ich meine Gedanken nicht unnötig in die Zukunft investiere, mir vielleicht Sorgen mache, was sein könnte, dann habe ich meine ganze Energie im Hier und Jetzt zur Verfügung. Unser Leben besteht genau genommen aus einer Aneinanderreihung von Jetzt-Momenten. Auf dieser Kostbarkeit, dem jetzigen Moment, sollten wir unsere größte Aufmerksamkeit haben, hier sind wir am kraftvollsten.

Frage dich › Wo bin ich mit meinen Gedanken und meiner Aufmerksamkeit?

Umsetzung › Sei gegenwärtig und erlebe möglichst jeden Augenblick bewusst! Tue Dinge nicht nebenbei!

BEWUSSTER *werden*

Halte tagsüber immer wieder inne und beobachte dich selbst. Frage dich: Was denke ich gerade? Was fühle ich gerade? Diese Übung[71] hilft dir, dich besser kennenzulernen, deine Glaubenssätze und Überzeugungen zu erforschen, und sie bringt dich sofort in die Gegenwart. Ohne Bewusstheit wird sich nichts verändern in deinem Leben. Du bist dann quasi im Autopilot-Modus unterwegs, weil die alten Programmierungen die Führung übernehmen und dein Denken, Handeln, und Fühlen bestimmen. Diese einfache Übung hilft dir auch zu erkennen, wie sehr deine Gedanken deine Gefühle beherrschen.

» Darum sage ich euch:
Alles, worum ihr bittet -
glaubt nur, dass ihr es
schon erhalten habt,
dann wird es euch zuteil. «

Markus-Evangelium 11,24.

Sofort ins Hier und Jetzt: 1. Konzentriere dich auf etwas in deiner unmittelbaren Umgebung und betrachte es ganz genau. Welche Details kannst du erkennen? 2. Welche Geräusche nimmst du im Moment wahr? 3. Wie fühlt sich die Beschaffenheit der Oberfläche an, mit der deine Hände gerade in Kontakt sind? Unsere Sinneswahrnehmungen bringen uns sofort in die Gegenwart.

5. Prinzip: Lieben heißt, glücklich sein mit ...
Dieses Prinzip kommt auch in dem weltweit bekannten hawaiianischen Wort „Aloha" zum Ausdruck. „Alo" bedeutet Zusammensein, „Oha" bedeutet Zuneigung, Freude. Damit ist gemeint, dass Liebe in dem Maß existiert, in dem du mit dem Gegenstand deiner Liebe glücklich bist, also mit den Menschen, den Umständen etc., die du gerade erlebst. Wir sind glücklich, wenn wir lieben, und unglücklich, wenn wir Angst, Wut oder Zweifel haben. Dieses Prinzip meint, durch einen liebevollen Umgang mit allem, was einem im Leben begegnet, und durch das Annehmen möglichst jeder Situation, Glück und Zufriedenheit zu vermehren.

Frage dich › Wie oft kritisiere ich mich selbst oder andere? Wie oft lobe ich mich und andere und bringe mir und ihnen bewusst Wertschätzung entgegen?

Umsetzung › Segne Gutes und pflege Dankbarkeit!

6. Prinzip: Alle Macht kommt von innen
Dieses Prinzip beschreibt, dass ich allein darüber entscheide, wer oder was Macht über mich ausübt! Macht kommt nicht von außen, sondern immer aus mir selbst. Ich bin es, die/der bewusst oder unbewusst entscheidet, jemand anderem oder etwas anderem diese Macht zu geben.

Frage dich › Wem oder welcher Sache gebe ich Macht über mich?

Umsetzung › Hole dir gegebenenfalls deine Macht zurück! Ermächtige dich selbst, deine Beziehung zu dir selbst und der Außenwelt nach deinen eigenen Wünschen zu gestalten!

7. Prinzip: Wirksamkeit ist das Maß der Wahrheit
Wenn ich ein bestimmtes Ziel habe, dann gibt es meist mehrere Wege, es zu erreichen. Dieses Prinzip ermutigt dazu, nicht an einer einmal gewählten Vorgehensweise festzuhalten, sondern flexibel zu bleiben und das Vorgehen zu ändern, wenn das Gewünschte nicht eintritt.

Frage dich › Was funktioniert für mich am besten?

Umsetzung › Sei flexibel und versteife dich nicht auf eine bestimmte Lösung! Es gibt immer mehrere Wege, etwas zu erreichen!

Ein bewusster Umgang mit diesen Prinzipien im Alltag beeinflusst ganz entscheidend unser Denken, Handeln und Fühlen. Sie helfen uns entspannter, kraftvoller und leistungsfähiger zu sein und damit auch kreativer und glücklicher.

Ein Jesus-Zitat zur Wunscherfüllung

Es gibt ein Zitat von Jesus, das beschreibt, was es braucht, damit Wünsche sich erfüllen. Neil Douglas-Klotz hat es aus dem Aramäischen ins Englische übersetzt: „All things that you ask straightly, directly ... from inside my name, you will be given. So far you have not done this, ask without hidden motive and be surrounded by your answer. Be enveloped by what you desire that your gladness be full."[72] Übersetzt bedeutet das in etwa: „Alles, worum du mich in meinem Namen unmittelbar und direkt bittest, wird dir gegeben. Soweit du dies noch nicht getan hast, bitte ohne versteckte Motive und sei umgeben von deiner Antwort. Sei eingehüllt von dem, was du dir wünschst, dass deine Freude vollständig sei." Im Evangelium nach Markus findet sich in Kapitel 11,24 eine Kurzversion: „Darum sage ich euch: Alles, worum ihr bittet - glaubt nur, dass ihr es schon erhalten habt, dann wird es euch zuteil."

Ich habe als Kind gelernt, dass wir beim Beten eine höhere Macht darum bitten sollen, uns zu geben, was wir uns wünschen, so in der Art „Bitte, bitte gib mir, was ich nicht habe". Das bedeutet, aus einem Gefühl des Mangels heraus. Ich vermute mal, dass es dir da nicht anders ergangen ist!? Im obigen Zitat wird aber beschrieben, dass ich mich in den gewünschten Zustand hineinversetzen soll, so als ob mein Wunsch bereits in Erfüllung gegangen ist, also aus einem Gefühl der Fülle heraus. Das ist ein immenser und entscheidender Unterschied.

Die folgende Manifestations-Methode nutzt die im obigen Jesus-Zitat beschriebenen Aspekte und hat als zentrales Element eine Vision, also eine lebendige innere Vorstellung davon, wer wir sein werden, wenn unser Wunsch in Erfüllung gegangen ist. Zusätzlich zu dieser Vorstellung und ganz wesentlich ist, dass wir spüren können, wie es sich anfühlen wird, wenn unsere Vision Wirklichkeit geworden ist! Dieser emotionale Aspekt kommt im obigen Jesus-Zitat ebenfalls deutlich zum Ausdruck. Wenn ich mich innerlich neu erleben kann, auch Freude, Begeisterung oder Dankbarkeit fühlen kann, je nachdem welche Gefühle meine Vision in mir auslöst, dann sind das die optimalen Voraussetzungen für die Verwirklichung meines Wunsches. Dankbarkeit ist übrigens das ultimative Gefühl, dass etwas bereits eingetroffen ist, und deshalb besonders hilfreich bei der Wunscherfüllung.

Manifestieren

Jetzt ganz konkret zur praktischen Durchführung, inspiriert von Dr. Joe Dispenza.[73] Zunächst musst du dir darüber klar werden, wie deine Wunschvorstellung aussieht. Nimm dir Zeit, entspanne dich und stelle dir sehr detailliert vor, was du dir wünschst. Notiere mindestens 3-4 konkrete Punkte. Versetze dich intensiv in die gewünschte Veränderung hinein und erkunde, wie du dich fühlst, wenn dein Wunsch in Erfüllung gegangen ist. Welche Gefühle tauchen in dir auf? Dankbarkeit, Freude, Begeisterung, das Gefühl wertvoll oder frei zu sein, oder ...? Schreibe auch diese Gefühle auf.

Deine Vision sollte sich für dich absolut stimmig anfühlen. Wenn du krank bist, dann wäre die Vision eine Situation, in der du vollkommen genesen und kraftvoll bist, eventuell bei einer Aktivität, die du liebst. Wichtig: Du betrachtest deine Wunschvorstellung dabei nicht von außen, sondern schlüpfst sozusagen in sie hinein und erlebst dich von innen, so als ob sie bereits eingetreten wäre! Du erlebst zum Beispiel, wie du wieder vollkommen gesund und uneingeschränkt Sport machst oder tanzt und wie es sich anfühlt, wenn du dieser Aktivität nachgehst.

Es gibt auch Wünsche, die du genauer hinterfragen solltest. Beispielsweise den Wunsch, reich zu sein. Überlege dann konkret, was du mit dem Geld machen möchtest. Steckt vielleicht der Wunsch nach Freiheit dahinter? Es geht darum, deinen Wunsch sehr konkret zu formulieren. Ich gehe davon aus, dass wir am glücklichsten sind, wenn wir unser Leben in Übereinstimmung mit unseren tiefsten Wünschen, unseren Seelenwünschen, gestalten.

Wenn du eine stimmige Vision hast, dann versetze dich immer wieder intensiv in sie hinein. Die günstigsten Zeiten dafür sind vor dem Schlafengehen oder gleich morgens nach dem Aufwachen. Wenn wir regelmäßig mit unserer Vision und den entsprechenden Gefühlen meditieren, fängt unser Gehirn sogar an, neue Netzwerke einzurichten, wie es das bei tatsächlichen Erfahrungen tut. Unser Seinszustand, also unser Denken, Fühlen und Handeln, verändert sich und, wenn wir dranbleiben, wird sich unser Leben verändern, weil wir uns verändert haben.

Und dann gibt es noch einen wichtigen letzten Schritt. Gestatte dem allumfassenden Bewusstsein, mitzuwirken! Du machst sozusagen mit der oben beschriebenen Methode eine „Ansage" ans Universum und lässt dann vertrauensvoll los. Und du tust das mit der festen Überzeugung und Erwartung, dass du erhalten wirst, was deinem höchsten Wohle und deinem Glücklichsein dient. Unser begrenzter Verstand kennt die größeren Zusammenhänge nicht.

Optimal ist die tägliche Beschäftigung mit deiner Vision. Um dich daran zu erinnern, können entsprechende Objekte, Notizen oder Zeichnungen hilfreich sein, die du gut sichtbar in deiner Wohnung platzierst.[74] Wenn du an deine Vision erinnert wirst, kannst du beispielsweise auch die passende Körperhaltung einnehmen und dich entsprechend bewegen.

Ich formuliere meine Wünsche häufig zusätzlich schriftlich in Form einer Intention oder „Absichtserklärung" nach Lynne Mc Taggart[75]; auch eine Möglichkeit, mich immer wieder an meine Vision zu erinnern. Diese Intentionsarbeit kann alleine stehen und nutzt die oben genannten Aspekte. Sie findet in der Gruppe statt, die gemeinsam ein bestimmtes Anliegen unterstützt. Dabei wird der gewünschte Zustand in einer bestimmten Weise schriftlich so formuliert, als ob er schon eingetreten wäre.

Morgen-Ritual Beginne den Tag mit der Herz-Kohärenz-Übung (siehe Kapitel „Dein Körper und Glücklichsein") und verbinde sie dann mit deiner Vision. Vielleicht hast du eine konkrete Vision, die Wirklichkeit werden soll, oder falls nicht, könntest du dich ganz bewusst als Liebende/Liebender aufstellen. Erfahre dann so lebendig wie möglich, wie es sich anfühlt, wenn deine Vision Wirklichkeit geworden ist, oder es sich anfühlt, als Liebende/Liebender deinen Tag zu gestalten. Sich morgens innerlich bewusst aufzustellen, hilft uns zu werden, wer wir sein möchten! Wer möchtest du sein?

Abend-Ritual Abends könntest du die Übung „Glücksaktivität Dankbarkeit" (weiter vorne in diesem Kapitel) anwenden und den Tag vor deinem inneren Auge Revue passieren lassen. Wie gut ist es dir heute gelungen, deine Vision bzw. Aspekte davon, wie entsprechende Gefühle, zu leben? Oder wie gut ist es dir gelungen, den Tag über liebevoll zu sein (wenn du dich morgens als Liebende/Liebender aufgestellt hattest)?

Wenn du dich konsequent jeden Tag mit deiner neuen Vision verbindest, dann kann Magie entstehen. Es werden dir dann unerwartet im Außen Menschen, Situationen und Gegebenheiten begegnen, die zu deiner Vision passen. Es gibt ein Resonanz-Phänomen, bei dem wir das Passende dann wie magnetisch anziehen. Wenn du trotz Befolgung der oben beschriebenen Schritte keinen Erfolg siehst, dann stehen vermutlich bewusst oder unbewusst hinderliche Überzeugungen im Weg. Das können Glaubenssätze sein, die aufgrund eigener Erfahrungen entstanden sind. Es können aber auch hinderliche Überzeugungen sein, die wir von Familienmitgliedern übernommen haben und die vielleicht bereits von unseren Ahnen herrühren. Außerdem scheint es kollektive Überzeugungen zu geben, die in uns wirksam sind, wie etwa „ich bin nicht gut genug". Wenn wir uns schwertun damit, Herzenswünsche zu verwirklichen, dann sollten wir an diese Möglichkeit denken und uns damit beschäftigen oder helfen lassen. Es gibt viele Möglichkeiten, solche Einschränkungen zu lösen, unter anderem schamanisches Arbeiten.

Eine Möglichkeit, belastende Erlebnisse zu wandeln

Wenn wir mit belastenden Situationen, auch Krankheiten, nicht weiterkommen, dann gibt es mit dem „Seelenschreiben" von Clemens Kuby eine Methode[76], die eigene Vergangenheit „umzuschreiben". Dabei wird in einem Bewusstseinszustand gearbeitet, wie wir ihn auch abends vor dem Schlafengehen und morgens direkt nach dem Aufwachen erleben (Alpha-Zustand). Situationen in unserer Vergangenheit, die im Zusammenhang mit unserem aktuellen Problem stehen, werden derart umgestaltet, bis sie quasi gefühlt zur neuen Realität werden. Das ursprünglich Erlebte ist zwar noch in der Erinnerung, es verliert jedoch an emotionaler Wirkung. Sehr belastende Erfahrungen gehören in die Hände von guten Trauma-Therapeuten.

Zusammenfassung

Die Glücksforschung hat eine Reihe von Glücksaktivitäten identifiziert, die unser subjektives Wohlbefinden nachweislich steigern. Dazu können wir uns ein Paket von individuell passenden Aktivitäten auswählen und diese im Alltag umsetzen. Häufig steht eine ganz konkrete Herausforderung im Vordergrund, die unserem Glücklichsein im Wege steht und gezielt angegangen werden sollte. Dabei ist es immer hilfreich, sich zusätzlich mit Glücksaktivitäten zu beschäftigen. Krisen haben ihren Sinn und führen uns mit den passenden Bewältigungsstrategien mehr in unsere eigene Kraft. Wir sind anschließend besser in der Lage, das Leben zu gestalten, das wir uns wünschen. Wie wir mit uns selbst, mit anderen oder mit Lebenssituationen umgehen, beeinflusst unser Wohlbefinden, unseren Lebenserfolg sowie Gesundheit und Heilung. Serge Kahili King hat uns mit den Huna-Prinzipien wertvolle Werkzeuge zur Verfügung gestellt, um unsere Wirklichkeit zu verändern. Es handelt sich dabei um sehr fundierte, zentrale Erkenntnisse aus der hawaiianischen Weisheitslehre.

Für das Manifestieren von Wünschen braucht es als zentrales Element eine Vision, also eine lebendige und stimmige innere Vorstellung davon, wer wir sein werden, wenn unser Wunsch sich erfüllt hat. Dabei ist es wichtig, spüren zu können, wie es sich anfühlt, wenn der Wunsch Wirklichkeit geworden ist. Belastende Erlebnisse lassen sich beispielsweise mit der Methode des Seelenschreibens[77] wandeln.

Mögest du zuversichtlich und kraftvoll ein glückliches Leben gestalten!

Konzentriere Dich auf das, was du erreichen möchtest, und erwarte grundsätzlich das Beste! Lege dein Augenmerk grundsätzlich auf das Gute und Erfreuliche in deinem Leben! Dann wird es sich vermehren!

∞

SPIRITUALITÄT UND GLÜCKLICHSEIN

„Der Kosmos ist in uns.
Wir sind aus Sternenstaub
gemacht. Wir sind ein
Weg für das Universum,
sich selbst zu erkennen."

Carl Sagan

In diesem Kapitel wollen wir das Thema Glücklichsein vor einem größeren Hintergrund beleuchten. Wissenschaftliche Untersuchungen haben ergeben, dass Menschen, die sich mit Religion oder Spiritualität beschäftigen, glücklicher und gesünder sind.[78] Die „Vertiefung der spirituellen Verbindung" war auch einer der zehn Faktoren, von dem fast alle der von Kelly Turner befragten Tumorpatienten meinten, er habe dazu beigetragen, dass sich ihre bösartigen Tumoren zurückbildeten.[79]

Mir war immer wichtig, eine schlüssige Vorstellung von den Zusammenhängen zu haben und dass die Ideen auch naturwissenschaftlichen Erkenntnissen nicht widersprechen. Mit Anfang 40 führte mich eine Krise unerwartet zum Schamanismus[80] und damit zur Spiritualität. Ich bin katholisch aufgewachsen und hatte mich jahrelang in der Jugendarbeit engagiert. Mit Anfang 20 trat ich aus der Kirche aus, weil sich die Ungleichbehandlung von Frauen und Männern und das Zölibat nicht mehr mit meinen Werten vereinbaren ließen.

Die Kosmologie, über die ich hier schreibe, mit der ich arbeite und die sich für mich bewährt hat, kristallisierte sich im Laufe der Jahre heraus und entstand im Kontakt mit verschiedenen schamanischen und spirituellen Lehrern.

Aber was ist eigentlich Spiritualität? In dem Wort steckt „Spirit", was sich mit Geist oder Seele übersetzen lässt. Gemeint ist die Suche nach etwas, das weit über uns hinausgeht und das wir erfahren können - eine transzendente Wirklichkeit. Wenn wir uns spirituellen

Themen zuwenden, dann geht es meist um die Suche nach Antworten auf die großen Fragen: Wer bin ich? Wo komme ich her? Was ist der Sinn des Lebens? Und es geht um unsere Sehnsucht nach dem Eingebettetsein in etwas Größeres. Ich denke, es ist die Sehnsucht unserer Seele nach ihrer Seelenheimat. Als Menschen befinden wir uns immer im Spannungsfeld unserer Sehnsucht einerseits nach Erfüllung und andererseits nach Erfahrung. Dieses große Ganze – allumfassende oder universelle Bewusstsein, das Göttliche, Gott, Göttin, Quanten- oder Informationsfeld –, wie immer du es nennen möchtest, ist zweifellos schöpferisch. Es hat im Laufe der Evolution eine unglaubliche Vielzahl zunehmend komplexerer Wesen mit immer mehr Bewusstsein hervorgebracht. Und die Evolution geht weiter, auch in uns. Nach Itzhak Bentov[81] bildet sie den eingebauten Motor, der alle Materie zu stets höherer Komplexität treibt, wodurch Erfahrungen auf noch höheren Ebenen möglich werden. Die ganze Schöpfung scheint nach Erfahrungen und Bewusstheit zu streben. Bentov bezieht die Begriffe „geistig/spirituell" auf die Entwicklung und Verfeinerung des Nervensystems und den damit verbundenen Anstieg des Bewusstseins, das automatisch die Entwicklung der inneren moralischen Werte und des Herzens mit sich bringe, wie er schreibt. Joe Dispenza nennt das Feld auch „Loving Intelligence". Auf den Liebesaspekt komme ich im Kapitel „Liebe = Glücklichsein" zu sprechen.

Wir identifizieren uns üblicherweise fast ausschließlich mit dem, wer wir geworden sind aufgrund unserer Erfahrungen in diesem Leben, unserem Ich-Konstrukt. Dass wir Seelenwesen sind und immer untrennbar mit unserer Quelle verbunden, lässt sich erfahren, wenn es uns gelingt, jenseits unseres konditionierten Verstandes zu gelangen, zumindest für Momente. Viele Wissenschaftler, Künstler und andere Menschen, die Besonderes erschaffen oder erreicht haben, nutzten und nutzen ihre Intuition als Zugang zu diesem allumfassenden Bewusstsein. Ein berühmtes Zitat von Albert Einstein lautet: „Der intuitive Geist ist ein heiliges Geschenk und der rationale Verstand ein treuer Diener. Wir haben eine Gesellschaft erschaffen, die den Diener ehrt und das Geschenk vergessen hat." Leider wurden wir schon früh darauf getrimmt, mehr unserem Verstand als unserer Intuition zu vertrauen. So müssen wir häufig erst wieder lernen, einen guten Zugang zu ihr zu finden. Wir können intuitive Impulse nur jenseits unserer Gedanken wahrnehmen, manchmal geschieht dies auch in Träumen. Ich erhalte sie häufig morgens nach dem Aufwachen oder beim Meditieren. Über die Intuition haben wir Zugang zu den Qualitäten des universellen Bewusstseins wie Weisheit und Kreativität. Weisheit schließt Ganzheitlichkeit ein. Unser konditionierter Verstand arbeitet im Gegensatz dazu nicht ganzheitlich. Er versucht ein Problem in seine Einzelteile zu zerlegen, um Lösungen zu finden. Diese isolierte Betrachtungsweise ignoriert aber die Tatsache, dass wir in einem auf jeder Ebene vernetzten Universum leben. Und so haben viele der gefundenen Lösungen oft ungünstige Auswirkungen auf andere Aspekte, die nicht in die Lösungsfindung einbezogen waren. Wir begegnen diesem Sachverhalt in allen Lebensbereichen.[82]

Dr. Serge Kahili King beschreibt, dass aus Sicht der hawaiianischen Weisheitslehre die freudvolle Zusammenarbeit mit dem „Göttlichen-in-Allem“ die beste Medizin für alle Leiden, die beste Lösung für alle Probleme und der beste Weg ist, um persönliche Erfüllung zu erlangen. Er schreibt, dass ihm diese Praxis persönlich mehr Freude, Glück, Gesundheit und Erfolg gebracht hat als alles andere, das er je getan hat.[83]

Wenn wir uns als spirituelle Wesen verstehen, entspricht dieses Geistige oder Seelische unserem Wesenskern. Eckhart Tolle spricht von „Essenzidentität“, in Abgrenzung zur „Formidentität“[84], die unser Ich-Konstrukt, unser Ego meint. Wir können die Seele als individuelles Bewusstseinsfeld oder als individuelle Manifestation des universellen Bewusstseins betrachten. Vor dem Hintergrund dieses Verständnisses werden wir unserem begrenzten menschlichen Verstand nicht mehr die Führung in unserem Leben überlassen, ihn aber berechtigterweise als tollen Problemlöser würdigen und nutzen. Wir realisieren dann, dass wir einen Verstand und einen Körper HABEN, aber nicht unser Körper und unser konditionierter Verstand SIND. Wir sind dann nicht mehr Opfer unserer sorgenvollen und ängstlichen Gedanken, sondern können sie beobachten und identifizieren uns nicht mehr mit ihnen, was sehr viel Leid erspart. Wenn wir uns als spirituelle Wesen verstehen, dann laden wir vertrauensvoll die Führung unseres höheren Selbst, als individuellen Teil des allumfassenden Bewusstseins, in unser Leben ein. Ein wichtiger Schritt in diese Richtung ist eine Ausrichtung auf die Liebe, auf einen liebevollen Umgang mit uns selbst und der Mitwelt, als Ausdruck unserer Seelenqualität. Dazu mehr im Kapitel „Liebe = Glücklichsein“.

ZWISCHEN *Himmel* UND ERDE

Mache diese Übung möglichst so, dass deine Füße Bodenkontakt haben, also im aufrechten Sitzen oder Stehen. Atme dreimal tief ein und aus und entspanne dich. Schließe deine Augen und stelle dir dein achtes Chakra, das dein höheres Selbst repräsentiert, wie eine leuchtende Sonne über deinem Kopf schwebend vor. Dann atme mit der Aufmerksamkeit in dieser Sonne ein und atme mit der Aufmerksamkeit in der Erde unter deinen Füßen aus. Wiederhole das eine Weile und spüre dann, wie sich gute Gefühle in dir ausbreiten. Diese Übung erhöht dein Energieniveau und hilft dich zu zentrieren.

Zur Vervollständigung erläutere ich hier die Kosmologie, die sich auch bei der schamanischen Arbeit bewährt hat: Unsere Seele als individuelles Bewusstseinsfeld lässt sich unterteilen in unser „höheres Selbst" oder unsere „ewige Seele" und die eng mit dem Körper verbundene „Seele". Von unserem höheren Selbst geht der Wunsch aus, in dieser Inkarnation bestimmte Erfahrungen zu machen. Wir können sie uns wie eine leuchtende Sonne (manchmal als 8. Chakra bezeichnet) über unserem Kopf vorstellen. Die Seele unseres Körpers ist mit den Energiezentren im Körper verbunden. Beim körperlichen Tod verlässt sie den Körper und wird wieder ganz eins mit dem höheren Selbst und damit dem universellen Bewusstsein, während unser „Körperkleid" der Erde zurückgegeben wird.

Sonja Lyubomirsky schreibt, dass die positiven Auswirkungen der Spiritualität denen der Religion durchaus vergleichbar sind.[85] Also macht es bezüglich meines subjektiven Wohlbefindens keinen Unterschied, ob ich Mitglied in einer Kirchengemeinde, Synagoge oder Moschee bin oder mein Glück in spirituellen Praktiken finde. Der grundlegende Unterschied zwischen dem Christentum beziehungsweise anderen monotheistischen Religionen und der Kosmologie, die ich hier beschreibe, ist der, dass monotheistische Religionen Menschen als getrennt von Gott betrachten. Dies widerspricht der Vorstellung, dass wir Teil des großen Ganzen und mit allem verbunden sind, selbstverständlich auch mit der Erde und allem Leben auf diesem Planeten. Wenn wir das wirklich verinnerlichen und entsprechend handeln würden, wäre das in vielerlei Hinsicht überaus heilsam, für uns selbst und unsere Mitwelt.

Wie kann ich mit meiner Seele bewusst in Kontakt kommen? Grundsätzlich geht es dabei mehr um Hingabe und Loslassen als um Tun, wie wir es gewohnt sind. Wir müssen uns zunächst entspannen und unsere Gedanken beruhigen. Dafür gibt es in den verschiedenen Traditionen die unterschiedlichsten Rituale und Techniken. Dazu gehören Atemtechniken, Gebete, Meditationen, Trommeln, Tanzen und psychoaktive Substanzen, die zu einem veränderten Bewusstseinszustand führen. Das Wesentliche beim Meditieren ist, unsere Gedanken zu beruhigen, indem wir die Aufmerksamkeit auf etwas Bestimmtes konzentrieren, beispielsweise den Atem.[86] Es gibt die unterschiedlichsten Arten von Meditation und sie ist grundsätzlich völlig unabhängig von spirituellen oder religiösen Praktiken. Sie kann sowohl in der Stille als auch in Bewegung stattfinden, beispielsweise als Gehmeditation. Die positiven Effekte wurden vielfach wissenschaftlich belegt. So konnte etwa gezeigt werden, dass sich durch Meditation die Dichtewerte der Gehirnareale verringern, die mit Angstzuständen und Stress in Verbindung gebracht werden.[87] Weniger Stress stärkt wiederum unser Immunsystem, wie unzählige Studien belegen. Falls du bisher nicht meditierst, solltest du es einmal ausprobieren und die Wirkung auf deine Befindlichkeit beobachten. Den meditativen Zustand könntest du auch nutzen, um eine Frage an deine Seele zu stellen, beispielsweise „Was wünschst du dir jetzt am meisten?“, und dann wahrnehmen, was in dir auftaucht. Du kannst selbstverständlich jede Frage stellen, die du möchtest. Entscheidend ist immer, dass sie sich für dich ganz stimmig anfühlt. Wenn du magst, kannst du dir deine Seele dabei als Wesenheit vorstellen, vielleicht als Lichtwesen, mit dem du kommu-

VERBINDE DICH MIT DER *Natur*

Gehe so oft wie möglich ins Grüne. Wir sind Teil der Natur und wie alles in diesem Universum ist sie ebenfalls Ausdruck des allumfassenden Bewusstseins. Gehe an einen Ort, an dem du ungestört bist. Nimm einen breitbeinigen Stand ein (kippe das Becken etwas nach vorne; die Knie sind dabei nicht ganz durchgestreckt) und atme ein paar Mal tief ein und aus. Stelle dir vor, du bist ein Baum. Schließe deine Augen und fühle, wie deine starken Wurzeln tief in der Erde verankert sind und deinem Stamm einen kraftvollen Halt bieten. Dann wende dich deiner Krone zu und spüre, wie sie sich in den Himmel streckt. Spüre dich als Teil der dich umgebenden Natur. Wie fühlst du dich?

nizierst. Die Botschaften können über Bilder, Symbole oder Gefühle kommen. Erwarte möglichst nichts Bestimmtes, sondern schalte entspannt auf Empfangen. Wichtig beim Meditieren ist, den Verstand möglichst außen vor und, aufkommende Gedanken beispielsweise wie die viel zitierten Wolken weiterziehen zu lassen. Du solltest ihnen keine Kraft geben. Vielleicht meldet sich auch der innere Kritiker während des Meditierens. Am hilfreichsten ist es in solchen Momenten, keinen Widerstand zu leisten und ganz entspannt zu bleiben – liebevoll mit sich selbst zu sein.

Auch die Zeiten nach dem Aufwachen morgens oder abends vor dem Einschlafen lassen sich gut nutzen, um offene Fragen an unsere Seele zu stellen oder uns auf Visionen auszurichten (siehe dazu auch das Kapitel „Deine Lebensgestaltung und Glücklichsein"). Mit der Zeit werden wir merken, welche Botschaften von unserer Seele kommen und wo sich eventuell doch unser konditionierter Verstand gemeldet hat. Allmählich können wir dann auch im Alltag die Botschaften unserer Seele wahrnehmen und lernen, beispielsweise dem ersten Impuls zu vertrauen und zu folgen. Lebendigkeit und Lebensfreude sind gute Indikatoren, dass wir im Einklang mit unseren wahren Bedürfnissen und unserer Seele sind.

Seelenwünsche

Wir sind Unikate und haben die unterschiedlichsten Begabungen und Vorlieben. Ich bin davon überzeugt, dass sich unser höheres Selbst, unsere ewige Seele, in einer bestimmten Art und Weise ausdrücken möchte.

Dieser Ausdruck lässt sich am ehesten als Wunschrolle beschreiben, also in einer bestimmten Art und Weise tätig zu sein. Sie entspricht unserer Berufung, dem Geschenk, das wir mitbringen. Vielleicht kennst du deine Wunschrolle? Falls nicht, kannst du überlegen, bei welchen Aktivitäten du dich besonders wohl fühlst, vielleicht sogar in den sogenannten Flow kommst und die Zeit völlig vergisst. Und dann analysiere, welche Rolle du dabei einnimmst. Ich habe diese Rollenidee von meinem Lehrer Carlo Zumstein übernommen, weil es sehr kraftvoll ist, wenn ich weiß: „Ich bin eine Abenteuerin" beispielsweise, oder ein „Geschichtenerzähler", der seinen Beraterjob liebt, oder eine Mentorin, die sich in der Rolle der Dienerin erkennt, weil es ihr ein Herzensanliegen ist, sich um das harmonische Miteinander in einer Gemeinschaft zu kümmern. Es gibt unzählige Rollen, neben den wenigen archetypischen, wie Heilerin/Heiler, Königin/König (als Oberhaupt einer Gemeinschaft), Künstler/Künstlerin, Kriegerin/Krieger (wobei es dabei nicht um kriegerische Auseinandersetzungen geht, sondern um das konsequente Einsetzen für eine bestimmte Sache), Zauberin/Zauberer, Raumöffnerin/Raumöffner. Einer meiner Klienten, der bei einer großen Software-Firma arbeitet, haderte sehr mit seinem Job. Er liebt es, zu zeichnen und zu malen, wofür er wegen seines Jobs nur wenig Zeit hatte. Bei unserer schamanischen Arbeit wurde ihm bewusst, dass er ein Künstler-Archetyp ist, und es ging ihm deutlich besser, als er sich daraufhin am Arbeitsplatz innerlich neu positionierte, und zwar ohne seinen Arbeitsplatz zu wechseln. Es gelang ihm, bei der Entwicklung von Strategien und Videos zur Wissensvermittlung bewusst Neues zu erschaffen und damit seinem Künstler-Archetypen Ausdruck zu verleihen. Unseren Seelenwunsch, unsere

Gabe, zu entdecken und in unserem Leben zu verwirklichen, fördert unser Glücklichsein.

Physik und Spiritualität: Ein Exkurs

In spirituellen Kontexten wird immer wieder die Physik, insbesondere die Quantenphysik, herangezogen, um bestimmte Konzepte zu untermauern. Ich möchte das hier näher beleuchten. In der renommierten Fachzeitschrift NATURE erschien im Juli 2005 ein Artikel von Prof. Richard Conn Henry[88], einem Physiker und Astronomen, mit der Überschrift „The mental Universe". Er beschreibt darin, dass wir früher nach unseren religiösen Führern geschaut haben, um die Bedeutung unseres Lebens zu verstehen. Dies habe sich mit Galileo Galilei geändert. Galileo habe es nicht nur geschafft, selbst das zu der Zeit Unglaubliche zu glauben, nämlich dass sich die Erde um die Sonne dreht und nicht umgekehrt. Ihm sei auch gelungen, damals fast jeden davon zu überzeugen. Nach Conn Henry war dies eine erstaunliche Leistung, die zeige, was Physik zu erreichen imstande sei. Er fügte hinzu, dass sich die Physik, mit der nachfolgenden Arbeit von Isaac Newton, auf der Suche, unseren Platz im Universum zu erklären, zur Religion gesellt habe. Er schreibt, dass wir es mit einer quantenmechanischen Welt zu tun hätten und die einzige Realität Geist („Mind") und Beobachtungen seien. Seine Schlussfolgerung ist, dass uns an dieser Stelle die Physik deshalb nicht weiterhelfen könne und er beendet seinen Artikel mit dem Satz: „Das Universum ist immateriell – mental und spirituell. Lebe und hab' Freude."

„Das Universum ist immateriell - mental und spirituell. Lebe und hab' Freude."

Richard Conn Henry

Bei einem Vortrag des Heidelberger Astrophysikers und bekennenden Christen Dr. Eduard Thommes mit dem Titel „Von schwarzen Löchern, Einstein und dem Glauben an Gott“ erläuterte dieser, dass die Struktur unseres Universums und damit auch unsere Existenz bereits im Urknall angelegt wurden. Er fügte hinzu, dass das Eintreten dieser besonderen Bedingungen vor etwa 13,8 Milliarden Jahren noch unwahrscheinlicher gewesen sei, als dass einmal verschüttetes Wasser wieder rückwärts in ein Glas zurückfließe (was zwar sehr unwahrscheinlich, aber erstaunlicherweise aus physikalischer Sicht nicht ausgeschlossen ist). Die Physiker verstünden die ersten 3 Minuten des Urknalls, könnten das Universum dann aber erst wieder ab dem Zeitraum 400.000 Jahre nach dem Urknall erforschen, weil es da erst „durchsichtig“ geworden sei. Trotz der vielen Erkenntnisse finde ich es immer wieder erstaunlich, wie viel wir noch nicht wissen. So ist bis heute unklar, was dunkle Materie (27 Prozent) und dunkle Energie (68 Prozent) ist, die den Großteil unseres Universums (95 Prozent) ausmachen sollen.[89] Genauso unklar ist, wo die Grenze verläuft, ab der die Quantenmechanik nicht mehr anwendbar ist, dafür aber die Gesetze der klassischen Mechanik. Die momentanen Forschungsergebnisse belegen, dass Moleküle mit 60 Kohlenstoff-Atomen noch den Teilchen-Wellen-Dualismus zeigen. Übrigens sind schwere Atome, wie Kohlenstoff oder Sauerstoff, die einen Großteil unseres Körpers ausmachen, in Supernova-Explosionen[90] entstanden. Somit ist unser Körper buchstäblich mit Sternenstaub gemacht. Irgendwie eine schöne Vorstellung, oder? Auch in dieser Hinsicht sind wir Teil des großen Ganzen! Bis heute ist es nicht gelungen, die „Weltformel“ zu finden, die alle Phänomene und Gesetzmäßigkeiten des Universums unter einen Hut bringt und erklärt. Von den vier Kräften, die im Universum existieren[91], starke Kraft, schwache Kraft, elektromagnetische Kraft und die Gravitation, sind bisher nur die drei erstgenannten in einem konsistenten Bild vereinbar, was in der Physik bedeutet: mathematisch beschreibbar.

Die Erkenntnisse der Physik sind durchaus vereinbar mit Religion und Spiritualität, abgesehen vom Kreationismus, der die Bibel wortwörtlich auslegt. Aber es handelt sich um völlig unterschiedliche Erkenntniswege. Die Physik versucht die Abläufe in der Natur durch Gesetze von Ursache und Wirkung zu beschreiben und die Frage nach dem „Wie" zu beantworten. Auf der anderen Seite suchen Spiritualität und Religion Antworten auf das „Wer oder Was" und „Warum". Die physikalischen Erkenntnisse basieren hauptsächlich auf Experimenten und Beobachtungen; die Erkenntnisse im spirituellen/religiösen Bereich auf mystischen Wahrnehmungen, Transzendenzerfahrungen und Ganzheitserlebnissen. Solche Erfahrungen, häufig mit eindrucksvollen Bildern und starken Gefühlen, sind schwer beschreibbar, geschweige denn in Begriffe zu fassen, die der Naturwissenschaft genügen könnten. Ich erinnere mich bis heute deutlich an entsprechende Erfahrungen in der Natur, beispielsweise als Jugendliche in den Bergen am Vierwaldstätter See, wo es in einer lauschigen Sommernacht Sternschnuppen regnete. Oder nachts auf einer der Inselchen bei den Guna-Indianern in der Karibik im Sand liegend unter einem unbeschreiblichen Sternenhimmel. Oder ab vier Uhr nachts bei einer stundenlangen Meditation und nach einigen Tagen Vorbereitungszeit, wo ich kristalline Strukturen in bunten Farben, von überwältigender Schönheit und Harmonie, wahrnahm. Mit Physik ist das Göttliche nicht beweisbar und dafür ist sie auch nicht zuständig. Auch die Frage nach der Herkunft der Naturgesetze könne nicht aus der Physik heraus beantwortet werden, bemerkte Dr. Thommes. Ich fragte ihn nach dem Vortrag nach seiner Definition von Gott und seine Antwort war, dass er von einem Gott ausgehe, der uns seinen Sohn (Jesus) geschickt habe.

Zusammenfassung

Wissenschaftliche Untersuchungen zeigen, dass die Beschäftigung mit religiösen oder spirituellen Praktiken einen positiven Effekt auf unser Wohlbefinden[92] hat und mit dazu beitragen kann, dass sich bösartige Tumore zurückbilden.[93] Spiritualität ist die Suche nach etwas, das weit über uns hinausgeht und das wir erfahren können – eine transzendente Wirklichkeit. Es geht um die Beantwortung der großen Fragen: Wer bin ich? Wo komme ich her? Was ist der Sinn des Lebens? Sie ist auch Ausdruck unserer Sehnsucht nach dem Eingebettetsein in etwas Größeres. Wie auch immer dieses große Ganze genannt wird, es ist zweifellos schöpferisch. Es scheint über Erfahrungen nach Bewusstheit zu streben. Wir sind spirituelle Wesen, die über unser höheres Selbst mit dem universellen Bewusstsein und damit der Quelle immer untrennbar verbunden sind. Wenn wir uns als unsterbliche spirituelle Wesen verstehen, ist das Geistige oder Seelische unser Wesenskern. Dann identifizieren wir uns nicht länger mit unserem Körper oder unseren Gedanken, sondern können zu Beobachterinnen und Beobachtern werden. Wir überlassen dann unserem begrenzten menschlichen Verstand nicht länger die Führung, würdigen und nutzen ihn aber weiterhin als hervorragenden Problemlöser. Über unsere Intuition erhalten wir Zugang zu unserem höheren Selbst und damit zu den Qualitäten des allumfassenden Bewusstseins, wie Weisheit, Ganzheitlichkeit und Kreativität. Unsere Seele möchte sich in einer bestimmten Art und Weise ausdrücken, einer Wunschrolle, die unserer „Berufung" und unserem Geschenk entspricht. Sie zu leben, fördert unser Glücklichsein.

Mögest du die glücklichste Verkörperung des universellen Bewusstseins sein!

DEIN INNERER Kraftort

Nimm drei tiefe Atemzüge und entspanne dich. Suche dir einen Ort, an dem du nicht gestört wirst, und schließe die Augen. Welcher Ort in der Natur fällt dir als Erstes ein, wenn du an „deinen Kraftort“ denkst? Vielleicht kennst du ihn aus dem Urlaub oder er liegt gleich vor deiner Haustür, vielleicht ist es sogar der eigene Garten. Versetze dich dann in Gedanken mit allen Sinnen an diesen Ort. Schaue dir zunächst etwas ganz detailliert an, vielleicht eine Pflanze. Kannst du auch etwas hören? Vielleicht den Boden unter deinen nackten Füßen spüren oder den Wind auf deiner Haut? Beobachte, welche der vier Elementarkräfte du an diesem Ort am stärksten wahrnimmst. Das Feuer in Form des Sonnenscheins? Gibt es dort Wasser? Luft und Erdkraft sind immer vorhanden, vielleicht als Wind und in Form der Erde, Pflanzen oder Berge. Genieße deine Wahrnehmungen und tanke Kraft! Dieser innere Kraftort steht dir jederzeit zur Verfügung.

LIEBEN = GLÜCKLICHSEIN

Liebe ist nicht in erster Linie eine Bindung an eine bestimmte Person. Sie ist eine Haltung, eine Orientierung des Charakters, welche die Beziehung eines Menschen zur Welt als Ganzes und nicht nur zum Objekt der Liebe bestimmt.“

Erich Fromm

Wir wollen jetzt die Bedeutung der Liebe in unserem Kontext tiefer ergründen. Gemeint ist hier nicht Verliebtheit, die von manchen als psychischer Ausnahmezustand beschrieben wird, sondern Liebe. Die meisten antworten vermutlich auf die Frage, was Liebe für sie bedeutet, dass es sich um ein Gefühl handle, eine besondere Zuneigung für einen Menschen. Oder dass sie ihr Haustier lieben, eine bestimmte Landschaft, was sie tun, besondere Objekte und so weiter. Aber Liebe ist mehr als all das.

Um andere wirklich lieben zu können, musst du dich selbst lieben können. Selbstliebe bedeutet, dich annehmen zu können, so wie du bist, mit deinen Ecken und Kanten, deinem bisherigen Lebensweg, deinen vermeintlichen Fehlern und deinen Gefühlen. Dich liebevoll selbst in den Arm nehmen können, wenn es gerade nicht so gut läuft. Mitgefühl mit dir haben und dir vergeben können. Wir können nur immer unser Bestes versuchen und scheitern manchmal trotzdem. Auf der Suche nach dem, wie es gehen könnte, verirren wir uns zwangsläufig, aber das hilft uns zu lernen. Selbstliebe bedeutet grundsätzlich, wohlwollend zu dir selbst zu sein, dich aus einer liebevollen Perspektive zu betrachten, dir eine liebevolle Geschichte über dich selbst zu erzählen.

Selbstliebe hat nichts mit Egoismus zu tun, ganz im Gegenteil! Egoistische Menschen haben ausschließlich ihr eigenes Wohlergehen im Blick und verfolgen ihre Ziele und Interessen rücksichtslos und häufig auf Kosten anderer.

Am einfachsten gelingt ein liebevoller Umgang mit dir selbst, wenn du tust, was dir guttut, und sein lässt, was dir nicht guttut. Was also tut dir wirklich gut? Um das herauszufinden, brauchst du möglichst regelmäßig Zeit, in der du ungestört alleine sein kannst, um dich mit dir selbst und deinen Bedürfnissen zu verbinden. Das hilft dir in deine Kraft zu kommen und Gestalterin bzw. Gestalter deines Lebens zu sein. Du hast dann Lust, neue Erfahrungen zu machen und dich dabei immer mehr kennenzulernen, zu erfahren, wer du noch sein kannst. Dann brauchst du die anderen nicht unbedingt. Das sind optimale Rahmenbedingungen für die Liebe.[94] Frage dich einfach immer wieder, was dir guttut. Was machst du beispielsweise nur aus Gewohnheit? Tut es dir wirklich gut, bis spät abends fernzusehen, stundenlang am Computer zu spielen, beim Bäcker regelmäßig was Süßes zu kaufen? Wenn du liebevoll mit dir umgehst, wirst du das tun, was wirklich zu deinem Wohlergehen beiträgt, und das kannst nur du für dich herausfinden. Dabei ist der alleinige Fokus auf eine Verhaltensänderung nicht nachhaltig, wie im Kapitel „Deine inneren Bilder und Glücklichsein" beschrieben. Was es braucht, ist eine Veränderung auf der Ebene der handlungsleitenden Muster, deiner inneren Bilder. Deshalb lädt uns Gerald Hüther ein, die Haltung einer Liebenden/eines Liebenden einzunehmen. Er beschrieb es als das schönste und energiesparendste innere Bild. Wenn wir uns bewusst für die innere Haltung entscheiden, zukünftig liebevoller mit uns selbst umzugehen, wird sich unser Verhalten entsprechend ändern. Wir werden automatisch auch liebevoller im Umgang mit anderen. Unser Herz öffnet sich, wir werden einfühlsamer und toleranter gegenüber anderen Meinungen,

Überzeugungen und Lebensweisen. So lassen sich auch Konflikte besser lösen und eher vermeiden. Anderen vergeben zu können, gehört dazu und ist ein wichtiger Glücksfaktor, wie die Glücksforschung zeigt.[95] Eine liebevolle Haltung ist in jeder Hinsicht die beste Option, sowohl für uns selbst als auch für die anderen. Sie stärkt unser Miteinander. Um Missverständnissen vorzubeugen: Echte Liebe festigt unseren Charakter und macht uns insgesamt kraftvoller. Wenn wir lieben, empfinden wir Empathie und Mut. Wir setzen uns für andere ein, denen Unrecht widerfährt oder die aus welchen Gründen auch immer benachteiligt werden. Liebe ist lebensbejahend und steht im Gegensatz zu Angst und Hass. Die Intelligenz unseres Herzens ist alles andere als schwach, naiv oder emotional. Das Gegenteil ist der Fall, von hier kommen Klarheit, Stärke und Integrität.[96]

Liebe ist in den meisten Religionen ein zentrales Thema. Im Christentum wird Gott als bedingungslos liebend dargestellt. In der Bibel steht „Gott ist Liebe“ (Johannes 4,16). Werte wie Nächstenliebe, Mitgefühl und Fürsorge werden als Eigenschaften Gottes und wesentliche Leitbilder vermittelt.

Wenn wir es wirklich ernst meinen mit der Liebe, sollten wir möglichst vermeiden zu kritisieren, sowohl uns selbst als auch andere! Das bedeutet nicht, dass wir unser analytisches Denken, unsere Selbstreflexion aufgeben sollen, sondern dass wir einen liebevolleren Weg finden, mit uns selbst und anderen umzugehen. Es bedeutet, dass wir sehr bewusst der kritischen Stimme in uns ein Stopp entgegensetzen und anderen, wo immer es möglich ist, authentisch und mit Ich-Botschaften begegnen. Kommunikation ist immens wichtig und leider eine riesige Quelle von Missverständnissen. Es ist wirklich essentiell, sich damit zu beschäftigen, was an dieser Stelle den Rahmen sprengen würde. Anstatt zu kritisieren, sollten wir uns selbst und anderen so oft wie möglich sehr bewusst Wertschätzung entgegenbringen. Spüre ganz bewusst in deinen Körper hinein, wenn du das tust. Und überprüfe einmal, wie es sich anfühlt, wenn du Kritik übst, und zwar nicht nur Kritik an dir selbst, sondern auch an anderen. Für deinen Körper macht es nämlich keinen Unterschied – er fühlt sich in beiden Fällen angegriffen. Interessant, oder?

In diesem Kapitel sprechen wir natürlich auch über Liebesbeziehungen. Es ist kein Zufall, mit wem du eine solche Beziehung eingehst. Es existiert die Vorstellung, dass wir uns zunächst auf der spirituellen Ebene sowohl mit unseren Eltern als auch mit anderen „verabreden", um bestimmte Erfahrungen zu machen. Aber auch ohne diese Möglichkeit miteinzubeziehen, ist klar, dass du mit deiner Art zu sein (deinem Seinszustand), wie du denkst, fühlst und handelst, ganz bestimmte Menschen anziehst. Wir erleben in einer engen Beziehung wohl die größten Herausforderungen und haben dort auch die besten Chancen, unsere Verwicklungen zu erkennen und neue Lösungen zu finden, die uns helfen glücklicher zu werden. Keiner kennt uns so gut wie unser Partner/unsere Partnerin. Das können sehr anstrengende Prozesse sein, aber wenn es gelingt, sie gemeinsam zu meistern, helfen sie uns letztendlich immer mehr aus unseren Verwicklungen heraus- und bei uns selbst anzukommen. Und darum geht es im Le-

Am einfachsten gelingt ein liebevoller Umgang mit dir selbst, wenn du tust, was dir guttut, und sein lässt, was dir nicht guttut. Was also tut dir wirklich gut?

ben. Viele geben allerdings irgendwann auf, trennen sich und werden dann in der nächsten Beziehung nicht selten mit denselben Problemen konfrontiert. Es ist sicher nicht möglich und sinnvoll, mit jedem Partner weiterzumachen. Und ich denke, dass sich eine Beziehung nach einer bestimmten Zeit auch erfüllen kann. Nach Eva-Maria Zurhorst[97] wäre ein Großteil der Scheidungen vermeidbar, wenn wir erkennen würden, welches Heilungspotential in einer Liebesbeziehung liegt, und wir bereit wären, das Erforderliche dafür zu tun. Beobachte einmal, was dich am anderen nervt, und dann schau bei dir nach. Häufig regen uns die Dinge beim anderen besonders auf, die wir an uns selbst nicht mögen. Es wäre doch sehr erfüllend, wenn wir uns gegenseitig helfen könnten, ungünstige Muster zu ändern, oder? Wenn es größere Beziehungsprobleme gibt, wir nicht weiterkommen mit der Lösung von Konflikten, sollten wir uns unbedingt Hilfe von außen holen. Das Wichtigste für eine lebendige und erfüllende Beziehung ist meines Erachtens, gut miteinander in Kontakt zu bleiben. Also sich regelmäßig auszutauschen, beispielsweise mit einem Ritual, wie der Methode des ehrlichen Mitteilens.[98] Wir sind verschieden und brauchen den Austausch für das gegenseitige Verständnis und damit eine gelingende Beziehung. Gemeinsame Werte sind sicher hilfreich. Was für den einen von Bedeutung ist, muss es für den anderen nicht sein. Auch wie wir unsere Liebe zum Ausdruck bringen, kann unterschiedlich sein. Die eine fühlt sich geliebt, wenn sie immer wieder kleine Geschenke bekommt, wohingegen das bei einer anderen nicht als Liebesbekundung ankommt. Für sie bedeutet geliebt zu werden vielleicht der Austausch von Zärtlichkeiten, Zweisamkeit, Lob und Anerkennung oder Hilfsbereitschaft.[99]

„Ehrliches Mitteilen“ praktizieren, indem wir einem anderen Menschen in einer bestimmten Art und Weise mitteilen, was gerade in uns vorgeht.[100]

Liebe ist ein harmonischer Zustand, in dem alles gut zusammenpasst. Wenn alles gut zusammenpasst, wird am wenigsten Energie verbraucht. Dieser Zustand wird Kohärenz genannt, wie bereits im Kapitel zu den inneren Bildern erläutert. Wir könnten also sagen, Liebe = Harmonie/Kohärenz = Glücklichsein. Das sind die optimalen Bedingungen für Potentialentfaltung und damit ein erfülltes Leben. Ist das nicht wunderschön und großartig, wie sich dann alles zusammenfügt? Uns im Lieben zu üben, ist also in jeder Hinsicht das Klügste und übrigens auch Gesündeste, was wir tun können. Das Gefühl von Liebe hat eine sehr hohe und heilsame Frequenz und kann krankhafte Zustände in unserem Körper harmonisieren.[101]

Ich möchte den Bogen noch etwas weiter spannen: Wenn Gott Liebe ist und wir Teil des Göttlichen sind, dann ist die Qualität unserer Seele logischerweise auch Liebe, richtig!? Indem wir uns selbst lieben, würdigen wir auch das Göttliche in uns. Ich finde es sehr berührend, dass die erste irdische Erfahrung, die wir als spirituelle Wesen machen, eine Liebeserfahrung ist – in Form der engen Verbundenheit mit der Mutter. Und mit der Erwartung, dass wir weiterhin Verbundenheit, sprich Liebe, erfahren werden, kommen wir dann auf die Welt. Wir vergessen zwar, dass wir geistige Wesen sind, aber das Bedürfnis nach Liebe und Verbundenheit begleitet uns ein Leben lang. Viele, auch ich, durften transzendente Erfahrungen machen und diese kosmische Liebe spüren, von der Bentov schreibt, dass sie eine Energie oder Strahlung ist, die den ganzen Kosmos durchdringt.[102] Manche erleben diese universelle Liebe in der Natur als intensive berührende Erfahrung.

Dieses Buch beschäftigt sich mit verschiedenen Aspekten, die beim Glücklichsein eine große Rolle spielen. Dazu gehört, etwas zu haben, das dir wirklich etwas bedeutet, das du liebst, um das du dich kümmern und für das du dich einsetzen möchtest. Das kann etwas Großes oder etwas vermeintlich Kleines sein. Wichtig ist, dass es dir ein echtes Anliegen ist.

Liebende tragen auf jeden Fall dazu bei, die Welt zu einem besseren Ort zu machen. Du kannst in jeder Begegnung eine liebevolle Haltung einnehmen, schon ein Lächeln zählt dazu. Es lässt sich an jedem Menschen etwas finden, das du mögen kannst. Wer liebt, führt ein erfülltes Leben und bringt die Qualität seines höheren Selbst zum Ausdruck!

Liebe SCHICKEN

Mache zunächst die Herz-Kohärenz-Meditation (siehe Seite 20/21) einige Minuten lang, bis du ein intensives Gefühl von Liebe spürst. Stelle dir dann vor, einen Lichtstrahl mit dieser Liebesenergie von deinem Herzen direkt zum Herzen einer anderen Person zu schicken. Bleibe dabei in deinem Gefühl. Eine andere Variante ist, dass du dir vorstellst, wie dein Liebesgefühl ein leuchtendes Feld in und um dich herum kreiert und du dieses dann über Menschen (oder auch Orte) ausdehnst, denen du Unterstützung zukommen lassen möchtest. Wenn jemand beispielsweise krank ist, kannst du dir diesen Menschen sehr vital und glücklich in einer entsprechenden Situation vorstellen und dabei das Gefühl halten, das bei dieser Vorstellung in dir auftaucht (Liebe, Dankbarkeit, Freude ...).

Zusammenfassung

Selbstliebe ist die Voraussetzung dafür, dass du andere lieben kannst. Es bedeutet, dass du dich annehmen kannst, wie du bist, mit all deinen Ecken und Kanten und deinen vermeintlichen Fehlern. Dich selbst zu lieben bedeutet, sehr bewusst einen liebevollen Umgang mit dir selbst zu pflegen, dich und deine Geschichte aus der wohlwollendsten Perspektive zu betrachten. Möglichst oft Dinge tun, die dir guttun, ist der einfachste Weg dorthin, und entsprechend zu lassen, was dir nicht guttut. Damit verbindest du dich wieder mit dir selbst, kommst in deine Kraft und bist in der Lage, Gestalterin und Gestalter deines Lebens zu sein. So lassen sich auch Herzensprojekte verwirklichen. Um der Liebe in jedem Aspekt unseres Lebens Ausdruck zu verleihen, ist es am einfachsten, sich für die grundsätzliche Haltung einer Liebenden/eines Liebenden zu entscheiden. Dieses innere Bild ändert unser gesamtes Verhalten. Wir sind dann empathischer, verständnisvoller, toleranter und können uns selbst und anderen leichter vergeben. Wir sind wertschätzend und erleben eine größere Harmonie auf allen Ebenen – mit uns selbst, unseren Mitmenschen und der Welt.

Dein Seinszustand entscheidet darüber, mit wem du eine Liebesbeziehung eingehst. So wie du bist, also denkst, fühlst und handelst, ziehst du ganz bestimmte Menschen an. Enge Beziehungen stellen meist unsere größten Herausforderungen dar, bieten aber auch die beste Möglichkeit, unsere Verwicklungen zu erkennen und uns daraus zu befreien. Sie beinhalten damit das größte Heilungspotential.

Liebe ist ein harmonischer (kohärenter) Zustand und wirkt heilend auf vielen Ebenen. Wer liebt, findet Erfüllung in seinem Leben und würdigt das Göttliche in sich selbst. Wenn wir lieben, sind wir glücklich.

Mögen wir Liebende sein –
zum eigenen Wohle
und zum Wohle aller!

WIE ALLES ZUSAMMENPASST

„Es gibt zwei Arten, sein Leben zu leben: Entweder so, als wäre nichts ein Wunder, oder so, als wäre alles ein Wunder.“

Albert Einstein

In diesem Buch habe ich versucht, mich dem Thema Glücklichsein systematisch anzunähern, einen Überblick über alle Aspekte zu vermitteln, die dabei eine Rolle spielen, und aufzuzeigen, wie du dein Glücksniveau erhöhen kannst.

Die Entdeckung, dass Krebspatientinnen und -patienten die in der Glücksforschung ermittelten Glücksaktivitäten als Gründe für die Rückbildung ihrer Krebserkrankung nannten, war sehr eindrucksvoll, aber bei genauerer Betrachtung nicht völlig überraschend. Sie belegt, dass wir mit Wohlbefinden unsere Gesundheit stärken. Das alleine verdient ein großes Ausrufezeichen, aber Glücklichsein ist auch in allen anderen Lebensbereichen ein entscheidender Faktor für ein gelingendes Leben.

Die Glücksforschung definiert den Begriff Glück als einen subjektiven Zustand des Wohlbefindens oder der Zufriedenheit, der sich aus dem Erleben positiver Emotionen, dem Fehlen von negativem Stress und der Erfüllung persönlicher Bedürfnisse ergibt. Glück ist dabei keine kurzlebige freudige Erregung, sondern ein langanhaltender Zustand der Ausgeglichenheit, in dem eine Person ihre Lebensziele erreicht, positive Beziehungen zu anderen Menschen hat und eine generelle Zufriedenheit mit dem eigenen Leben verspürt.

Um nachzuvollziehen, was in uns vorgeht, wenn wir glücklich sind, haben wir uns zunächst den Körper angesehen und festgestellt, dass wir ohne ihn kein Glück empfinden können. Das mag trivial klingen. Aber es ist absolut faszinierend, sich die ausgeklügelten körperlichen Vorgänge vor Augen zu führen und zu entdecken, dass unser Körper bereits von Natur aus mit allem ausgestattet ist, was es braucht, um glücklich zu sein. Und wenn es unsere wahre Aufgabe in diesem Leben ist, glücklich zu sein, wie auch der Dalai Lama sagt, so ist es nicht verwunderlich, dass wir bereits alles Nötige mitbringen, um diese Aufgabe zu erfüllen. Wir verfügen über unser eigenes biochemisches Labor, um die Stoffe zu erzeugen, die uns helfen uns wohlzufühlen. Unser Körper ist ein Wunderwerk, das wir mit unserem gesamten Lebensstil, unseren Gedanken, Gefühlen und Handlungen in Richtung Glücklichsein und Gesundheit bewegen können. Diesen wundervollen Umstand haben wir epigenetischen Mechanismen zu verdanken und sie sind auch der Grund, wieso wir nicht auf Gedeih und Verderb unseren Erbanlagen ausgeliefert sind.

Eine spannende Tatsache ist, dass die kleinsten Bestandteile der Materie, aus denen unser Körper besteht, den Gesetzen der Quantenphysik gehorchen. Wie das Doppelspalt-Experiment belegt, beeinflussen wir als Beobachterinnen und Beobachter, ob sich kleinste Materie-Teilchen als solche verhalten oder ihre Welleneigenschaft beibehalten.[103] Darüber hinaus bezieht sich das Konzept der Superposition[104] in der Quantenphysik auf die Eigenschaft von Partikeln, sich in mehreren Zuständen gleichzeitig befinden zu können. Derartige Phänomene sind der klassischen Physik fremd. Das öffnet den Raum dafür, dass wir unsere Realität mit der beschriebenen Manifestationstechnik beeinflussen können, indem wir auf ein bestimmtes Potential fokussieren, das im Feld der Möglichkeiten bereits existiert. Die Frage, wo der Anwendungsbereich der Quantenphysik aufhört und die klassische Physik beginnt, ist bis heute nicht beantwortet. Die Erkenntnisse der Quantenphysik laden uns dazu ein, unseren Geist für neue Möglichkeiten zu öffnen.

Bei der Erkundung der inneren Bilder wurde deutlich, dass unsere Überzeugungen und Glaubenssätze, die unser Denken, Handeln und Fühlen bestimmen, einen starken Einfluss auf unser subjektives Wohlbefinden haben. In diesem Bereich liegt sehr viel Potential für Veränderung in jedem von uns. Die Beschäftigung mit deinen inneren Bildern, deinen alten Lösungsmustern, Vorstellungen und Überzeugungen, ist also äußerst hilfreich auf dem Weg zu mehr Wohlbefinden. Vieles haben wir von unseren Eltern oder anderen Bezugspersonen übernommen und zu unserer Wahrheit gemacht. Diese „Wahrheit", das, woran du glaubst, wovon du ausgehst, beeinflusst ganz entscheidend und zutiefst alles in deinem Leben – deine Beziehungen, deinen Erfolg, dein Glücklichsein und auch die Erfahrungen, denen du dich aussetzt. Und eines ist klar: Wenn du weiterhin den gleichen Denk- und Verhaltensmustern folgst, wie bisher, wird sich in deinem Leben nichts verändern. Glücklicherweise sind wir von Natur aus mit einem formbaren Gehirn ausgestattet und damit in der Lage, uns ein Leben lang zu verändern. Es ist also nie zu spät, um glücklicher zu werden. Andere Menschen folgen mit ihrem Denken und Handeln ebenfalls ihren inneren Bildern und deshalb sollten wir auch keine Zeit und Energie darauf verwenden, sie ändern zu wollen. Das wird nicht gelingen. Nur uns selbst zu ändern liegt in unserer Macht. Dabei ist es hilfreich, nichts festhalten zu wollen, sondern mit Veränderungen zu rechnen und

„In 20 Jahren wirst du mehr über die Dinge enttäuscht sein, die du nicht gemacht hast, als über die, die du gemacht hast. So lass die Ankerketten los. Segel, aus dem sicheren Hafen. Nimm Wind auf in deinen Segeln. Erforsche. Träume. Entdecke.“

Mark Twain

möglichst leicht mit ihnen mitzugehen, denn „nichts ist so beständig wie der Wandel“[105]. Um in der Alltagswirklichkeit agieren zu können, brauchen wir ein Ich-Konstrukt oder Ego, das auf unserem inneren Selbstbild basiert. Wenn wir zusätzlich unserem höheren Selbst Raum geben mit seinen Wünschen und seiner liebevollen Qualität, dann sind das die besten Voraussetzungen für ein tief erfüllendes Leben, auf das wir am Ende voller Dankbarkeit zurückblicken können. Wir kamen in dieses Leben mit der Sehnsucht, Erfahrungen zu machen. Wenn wir bei unserer Lebensgestaltung zur Orientierung die Huna-Prinzipien berücksichtigen, tun wir viel für unser Glücklichsein, denn sie helfen uns, mit den energetischen Gesetzmäßigkeiten unserer Wirklichkeit adäquat umzugehen.

Wenn es uns gelingt, für so viel Wohlbefinden wie möglich zu sorgen, werden wir und die Menschen um uns eine gute Zeit haben. Dazu gehört, möglichst wenig mit den an uns gestellten Herausforderungen zu hadern („Warum passiert gerade mir das?“) und sich auf die Lösungen zu konzentrieren. Verinnerliche die Tatsache, dass Probleme uns helfen zu lernen und damit auch unsere Werkzeugkiste zu bereichern, um für spätere Anforderungen besser gewappnet zu sein. Jede gemeisterte Krise macht uns stärker. Ein weiterer Punkt ist, dass wir möglichst gegenwärtig im jetzigen Moment sind und nicht zulassen, dass unsere Gefühlslage durch Erinnerungen an belastende Erfahrungen bestimmt wird. Nur im Jetzt können wir etwas tun. Auch die Beschäftigung mit etwaigen negativen Szenarien in der Zukunft ist entsprechend kontraproduktiv für unser Wohlbefinden. Um Missverständnisse zu vermeiden: Es spricht nichts dagegen, sich vorzubereiten, vorzusorgen oder für künftige Situationen zu planen. Auch das dient unserem Wohlergehen und wir tun es im Jetzt.

Das Projekt „Steigerung des Wohlbefindens" erfordert, dass wir ganz bewusst Dinge tun, die uns guttun, und uns gezielt mit Glücksaktivitäten beschäftigen. Wir können unser Leben auf eine glückliche Version von uns selbst ausrichten. Wir können mit der wundervollen Herz-Kohärenz-Meditation direkt gute Gefühle in uns erzeugen mit all den großartigen Effekten, wie beispielsweise der Steigerung der Immunabwehr und der Verbesserung der mentalen Leistungsfähigkeit. Bewusstheit ist die Voraussetzung dafür, dass wir uns besser kennenlernen und unsere Lebensgestaltung auf mehr Glücklichsein ausrichten. Bei der Verwirklichung von Herzenswünschen helfen dir die beschriebene Manifestationstechnik und eine entsprechende Vision.

Die Forschung identifizierte die Beschäftigung mit Religion beziehungsweise Spiritualität als gesundheitsfördernde Glücksaktivität. In diesem Buch habe ich eine mögliche Kosmologie beschrieben, die Antworten auf die Fragen, wer wir sind, woher wir kommen und wohin wir gehen, zu liefern versucht. Ob sie dir entspricht oder du dich für ein anderes Glaubenssystem entscheidest, bleibt natürlich dir überlassen, es sollte aber in jedem Fall dein Wohlbefinden unterstützen. Wir werden die großen angesprochenen Fragen niemals mit unserem begrenzten und konditionierten Verstand beantworten können, sondern nur jenseits davon. Religion und Spiritualität vermögen grundsätzlich

Halt zu bieten. Ich finde die Vorstellung tröstlich, dass unser Wesenskern unsterblich ist. Dieser Aspekt und ein enger Kontakt mit deinem höheren Selbst können dir ein Gefühl des Aufgehobenseins in diesem Universum und tiefe Gelassenheit geben. Wir sind aber häufig so mit diesem Leben beschäftigt und identifizieren uns mit unseren Problemen und mit dem Konzept davon, wer wir zu sein glauben, dass wir vergessen haben, Teil des universellen Bewusstsein zu sein und über ein unglaubliches Potential zu verfügen. Wir sind Gestalterinnen und Gestalter. Deine Erfahrungen haben dir geholfen Kompetenzen zu entwickeln, die du jetzt nutzen kannst, um noch mehr zu werden, wer du wirklich bist, und dein Leben bewusst zu gestalten. Und wenn du dein höheres Selbst miteinbeziehst, kann die Weisheit „der Quelle" dir helfen, eine tief erfüllende Lebenserfahrung zu machen. Diese Weisheit erschließt sich über spontane Einfälle und Inspirationen, die dich veranlassen neue Ideen zu entwickeln, etwas Neues zu kreieren oder etwas Bestimmtes zu tun, auch in deinem Alltag. Ein schönes Beispiel aus der Wissenschaft dafür, wie wundervoll unsere Intuition sein kann, ist die Geschichte des deutschen Chemikers August Kekulé. Vielleicht erinnerst du dich noch an den Chemieunterricht und den Benzolring, der aus sechs Kohlenstoff- und sechs Wasserstoffatomen besteht? Kekulé kam 1865 auf die Idee, dass die Struktur von Benzol ringförmig sein könnte, als er bei einer Art Tagtraum eine Schlange „sah", die sich selbst in den Schwanz biss.

Wir sprachen über Liebe und dass wir Liebe und Glücklichsein gleichsetzen können. Selbstliebe ist der Schlüssel, um andere lieben zu können. Wir könnten uns grundsätzlich die Haltung einer/eines Liebenden zu eigen machen, was eine wundervolle Basis für unser eigenes Wohlbefinden und das Wohlergehen der anderen ist. Ich war sehr berührt, als ich mit der Arbeit von Gerald Hüther in Kontakt kam, weil er von der neurowissenschaftlichen Seite her die liebevolle Verbundenheit als entscheidenden Faktor für Potentialentfaltung beschreibt. Für mich schließt sich hier auf wunderschöne Weise ein Kreis zwischen unserer Urnatur als liebevollem spirituellen Wesen und unserem Menschsein. Wir machen durch die Geborgenheit und innige Verbindung mit unserer Mutter als erste irdische Erfahrung eine Liebeserfahrung. Dann kommen wir auf die Welt, beginnen uns im Wechselspiel mit anderen zu verwickeln und sind nun gefordert, uns wieder aus diesen Verwicklungen zu befreien und dabei immer mehr zu erfahren, wer wir sind und sein können. In jedem von uns gibt es das Bedürfnis, zu lieben und geliebt zu werden, etwas gestalten zu können, Autonomie und Freiheit zu leben. Es ist insbesondere in Konfliktsituationen hilfreich, sich vor Augen zu führen, dass diese Sehnsüchte in jedem von uns vorhanden sind.

Beim Schreiben dieses Buches hat sich mein Verständnis für die Zusammenhänge rund ums Glücklichsein und die enorme Tragweite unseres Wohlbefindens nochmals vertieft. Wir können Glücklichsein lernen, wie andere Fähigkeiten auch und damit jeden Aspekt unseres Lebens positiv beeinflussen. Und es ist nicht egoistisch, sich darum zu kümmern, sondern dient dem Wohle aller. Was es braucht, damit du glücklicher wirst, kannst nur du für dich selbst herausfinden und beantworten. Du bist Gestalterin und Gestalter deines

EINE ART FRIEDENS-*meditation*

Mache die Herz-Kohärenz-Meditation mit der inneren Vorstellung, dass du Teil einer Menschenkette bist, die den Erdball umspannt und mit Dankbarkeit auf eine wunderschöne Natur blickt. Entscheide jedes Mal neu, wem du dabei links und rechts die Hand reichen möchtest. Mit etwas Übung gelingt es dir vielleicht, auch Menschen an die Hand zu nehmen, mit denen du Negatives verbindest, und trotzdem deine guten Gefühle zu halten. Ich liebe diese Meditation, die intuitiv zu mir kam und die jedes Mal starke Gefühle in mir hervorruft.

Lebens und in der Lage, dein Glücksniveau zu steigern. Und ich wünsche mir, dass du große Wertschätzung und Liebe für das Wesen pflegst, das du bist und das versucht, sein Bestes zu geben. Wenn Spiritualität (schon) ein Thema für dich ist, dann pflege engen Kontakt mit deinem höheren Selbst, z. B. beim Meditieren, denn aus dieser Quelle erhältst du Energie und Inspiration. Liebe, bewerte andere nicht, sei gegenwärtig und authentisch. Vertraue deiner Intuition, sei fröhlich und kreativ. Lebe das Leben, das dir wirklich entspricht. Verfolge ein Herzensprojekt! Orientiere dich an Gefühlen von Lebensfreude, Lebendigkeit und Leichtigkeit. Visualisiere und mache im Alltag Dinge, die zu deiner Vision passen. Setze auch deine Prioritäten so, dass sie dein Wohlbefinden fördern.

Wenn wir unser Leben mehr auf die Liebe ausrichten, sind wir nicht nur glücklicher, sondern wir erhalten zusätzlich „Rückenwind vom Universum", weil wir uns dann in Harmonie mit dem großen Ganzen befinden. Wir können spüren, dass alles leichter läuft, und dann können auch wirklich erstaunliche Dinge geschehen.

Wenn du jetzt etwas anders machen möchtest als bisher, um mehr Wohlbefinden zu erzeugen, dann könntest du mit einer Sache beginnen, beispielsweise abends mit der Dankbarkeitsübung und dabei die Herz-Kohärenz-Meditation miteinbeziehen. Bevor du aber beginnst, empfehle ich dir zunächst den Oxford-Happiness-Test[106], um herauszufinden, wie glücklich du momentan bist. Um die Wirksamkeit deiner Maßnahmen für mehr Wohlbefinden zu überprüfen, kannst du den Test in Abständen, vielleicht nach drei Monaten, wiederholen, um dir vor Augen zu führen, was du inzwischen erreicht hast und dass es dir gelungen ist, dein Glückslevel spürbar zu erhöhen.

Auf den Spuren des Glücks haben wir eine Reise unternommen, die uns von der physischen zur geistigen Welt geführt hat. Am Ende ergibt sich ein stimmiges Bild, in dem alles gut zusammenpasst und das sich auf folgende Schlüsselaussagen komprimieren lässt:

- Dein Körper bringt von Natur aus alle Voraussetzungen mit, um Glück zu empfinden.
- Die Epigenetik-Forschung belegt, dass du viele Möglichkeiten hast, deine Gen-Expression in Richtung Wohlbefinden zu beeinflussen.
- Dein Gehirn ist in der Lage, sich ein Leben lang zu verändern, und damit lassen sich auch deine inneren Bilder ändern, auf denen dein Denken, Handeln und Fühlen und damit dein Wohlbefinden basieren.
- Die Erkenntnisse der Quantenphysik öffnen neue, bisher ungeahnte Möglichkeiten.
- Die Beschäftigung mit Spiritualität ist eine Glücksaktivität.
- Nach den Wünschen deiner Seele zu forschen und sie zu realisieren erhöht dein Glücksniveau.

- Selbstliebe ist entscheidend, um andere lieben zu können. Nimm dir regelmäßig Zeit für dich und finde heraus, was dir wirklich guttut. Orientiere dich an Gefühlen von Lebendigkeit, Lebensfreude und Leichtigkeit.
- Die innere Haltung einer Liebenden/eines Liebenden einzunehmen, macht glücklich und verkörpert dich als kosmisches Bewusstsein auf besondere Weise.
- Tue Dinge, die du noch nie getan hast, und besuche neue Orte. Erfahre dich und das Leben immer wieder neu.
- Verhalte dich wie ein glücklicher Mensch, lache, auch über dich selbst.
- Verbringe Zeit in der Natur.
- Du bist nicht alleine und machtlos. Du bist geborgen im großen Ganzen und in der Lage, dein Leben nach deinen Wünschen zu gestalten und auf Glücklichsein auszurichten.

Möge es dir gelingen, ein glückliches Leben zu gestalten!

» Der Planet braucht keine erfolgreichen Menschen mehr. Der Planet braucht dringend Friedensstifter, Heiler, Erneuerer, Geschichtenerzähler und Liebende aller Arten. «

Dalai Lama

Anmerkungen

1. Lyubomirsky, S. (2018)
2. Turner, K. (2021)
3. Bauer, J. (2021)
4. Lyubomirsky, S. (2018)
5. Hüther, G. (2020)
6. Hüther, G. (2021)
7. Jesuit, Paläontologe, Anthropologe und Philosoph, 1881-1955
8. Das Streben unseres Gehirns nach niedrigem Energieverbrauch hängt mit einem physikalischen Gesetz zusammen, dem zweiten Hauptsatz der Thermodynamik. Vereinfacht dargestellt, besagt dieser Hauptsatz, dass bei Prozessen, die von selbst ablaufen, die „Unordnung" (Entropie) zunimmt. Deshalb muss ständig Energie aufgewendet werden, um geordnete Abläufe und Strukturen aufrechtzuerhalten. Unser Gehirn verbraucht sogar im Ruhezustand etwa 20 % des gesamten Energieverbrauchs des Körpers. Dies entspricht 300-400 Kalorien pro Tag.
9. Das elektromagnetische Feld des Herzens ist das größte des Körpers und es ist etwa zehnmal größer als das des Gehirns, es beträgt 10-100 Mikrotesla, das des Gehirns 0,1 bis 10 Mikrotesla.
10. Armour, J. A. (2003)
11. Armour, J. A. & Ardell, A. L., Hrsg. (1994)
12. Biochemie befasst sich mit der chemischen Zusammensetzung und den Reaktionen von biologischen Molekülen (wie Proteinen, Kohlenhydraten, Lipiden und Nukleinsäuren) in lebenden Organismen. In unseren Genen befinden sich die Blaupausen für Proteine, die für die unzähligen Vorgänge in unserem Körper benötigt werden. Genetik ist die Wissenschaft, die sich mit der Vererbung beschäftigt.
13. Hüther, G. (2020)
14. Die bekanntesten sind Adrenalin, Noradrenalin und Dopamin, auch Endorphine und Enkephaline gehören dazu. Endorphine werden ebenfalls zu den Glücks- beziehungsweise Wohlfühlhormonen gezählt. Sie werden im Körper vor allem in Stress- oder Schmerzsituationen ausgeschüttet, außerdem beim Sport, und binden sich an spezifische Rezeptoren im Gehirn, um Schmerzen zu lindern und die Stimmung aufzuhellen. Endorphine können dazu beitragen, Stress und Angst zu reduzieren. Sie wirken ähnlich wie Opioide.
15. Hüther, G. (2020)
16. Hüther, G. (2020)
17. Lipton, B. (2006)
18. Kast, B. (2023)
19. Ornish, D. & Ornish, A. (2022)
20. Bauer, J. (2021)
21. Kirschbaum, C. et al. (1993)

22 Unternährer, E. et al. (2012)

23 Stork, P. (2017)

24 Klein, G. N. (2021)

25 Klein, G. N. (2021)

26 Nestor, J. (2021)

27 Neurowissenschaftler nennen diesen Teil des Gehirns von Säugetieren so, weil es dem Gehirnteil ähnelt, der in Reptilien zu finden ist. Das Reptiliengehirn ist für grundlegende Überlebensfunktionen wie Atmung, Körpertemperatur und Fortpflanzung verantwortlich. Es handelt aufgrund von angeborenen Instinkten und Reaktionen, ohne dass bewusste Entscheidungsprozesse stattfinden.

28 Die frühesten menschlichen Vorfahren tauchten vor etwa 6-7 Millionen Jahren auf. Die moderne menschliche Spezies Homo Sapiens entwickelte sich jedoch erst vor 200.000 bis 300.000 Jahren. Die Säbelzahntiger waren während des Eiszeitalters weit verbreitet. Sie lebten von vor ungefähr 2,5 Millionen Jahren bis vor etwa 10.000 Jahren. Das heißt, Säbelzahntiger gab es noch, als der moderne Mensch in Erscheinung trat.

29 Ortner, N. (2022)

30 Ortner, N. (2022)

31 Lipton, B. (2006)

32 Lyubomirsky, S. (2018)

33 Turner, K. (2021)

34 Morter, S. (2020)

35 Radin, D. (2015). Supernormal. Crotona.

36 Mann, F. & Mann, C. (2017)

37 Mann, F. & Mann, C. (2017)

38 Weizsäcker, C. F. (2002)

39 Mann, F. & Mann, C. (2017)

40 Mann, F. & Mann, C. (2017)

41 Ornish, D. (1999)

42 Turner, K. (2021)

43 Diese Idee stammt aus Einsteins Allgemeiner Relativitätstheorie und betont, wie entscheidend Felder (Gravitations-, elektromagnetische oder Quantenfelder) für das Verhalten bzw. die Dynamik der Partikel sind. Deshalb sind Partikel letztlich keine unabhängigen Entitäten, sondern werden beeinflusst bzw. geführt von den Feldern, denen sie ausgesetzt sind.

44 Das Gehirn erzeugt elektrische Felder. Diese Felder können gemessen werden und stellen ein Abbild unserer Gedankenaktivität dar. Da bestimmte Gedanken mit charakteristischen Mustern einhergehen, kann man heute Computer lernen lassen, aus diesen Mustern Rückschlüsse auf unsere Gedanken zu ziehen. Das findet bereits in der Medizin Anwendung bei der gedanklichen Steuerung von Prothesen. Dieses Gebiet befindet sich momentan noch in einem frühen Entwicklungsstadium.

45 Mann, F. & Mann, C. (2017)

46 Hüther, G. (2020)

47 Hebb, D. (2002)

48 Joshi, W. (2011)

49 Hüther, G. (2020)

50 Hüther, G. (2021)

51 Hüther, G. (2020)

52 Spitzer, M. & Herschkowitz, N. (2020)

53 Dies entspricht der Fähigkeit des Gehirns, neue Verbindungen zwischen Nervenzellen herzustellen und bestehende Verbindungen zu stärken oder zu schwächen. Diese Fähigkeit wird als Neuroplastizität bezeichnet. Neuroplastizität ist enorm wichtig bei der Entwicklung des Gehirns im Laufe unseres Lebens. Sie ermöglicht es uns, neue Dinge zu lernen, Erinnerungen zu bilden und uns an Veränderungen anzupassen. Sie ist auch der Grund, warum sich das Gehirn bei Verletzungen oder Schlaganfällen selbst heilen kann. Dabei versucht das Gehirn alternative Verbindungen zu schaffen, um verlorene Funktionen zu kompensieren.

54 Hüther, G. (2016)

55 Schamanismus ist im Laufe der Geschichte rund um den Globus entstanden, als die Menschen den Elementen noch völlig ausgeliefert waren und vermutlich anfingen nach Erklärungen zu suchen. So haben sie höhere Mächte in Form von Göttern für Naturphänomene, wie Blitz und Donner, verantwortlich gemacht, die sie nicht erklären konnten. Es leuchtet ein, dass mit der Erfahrung, stark von der Natur abhängig zu sein, die Überzeugung einherging, ein Teil dieser Natur zu sein. Wir haben dieses Wissen verloren und erfahren heute schmerzlich, dass wir Teil der Natur sind und jetzt entschlossen handeln müssen, um unsere Lebensgrundlagen zu erhalten. Bis heute weisen schamanische Kulturen einen tiefen Respekt vor der Natur auf. Das Symbol des Spinnennetzes soll die Verbundenheit veranschaulichen und dass sich das gesamte Netz bewegt, wenn ich eine Stelle berühre. In der schamanischen Kosmologie gibt es die Vorstellung, dass unsere Realität ein Traum ist, dass wir Traumweberinnen und Traumweber sind. Eines der Lieder beinhaltet die wunderschöne Textstelle „you are the weaver and the woven one“ (du bist der Weber und der Gewobene). Einige Erkenntnisse der Quantenphysik, wie der Beobachtereffekt oder die Verschränkung, legen ebenfalls nahe, dass wir es mit einem vernetzten Universum zu tun haben.

56 Das mechanische Menschenbild, wie es in der Grundidee von dem Physiker Isaac Newton im 17. Jahrhundert begründet wurde, ist bis heute tief in uns verwurzelt. Dabei wird unser Körper eher wie eine Maschine betrachtet. Dann gibt es ein biochemisches Menschenbild, wo es für Heilung das passende Arzneimittel braucht, oder der Mensch wird als energetisches Wesen gesehen, wovon beispielsweise in der traditionellen chinesischen Medizin ausgegangen wird. Auf

der Idee des Menschen als Informationswesen, das heilt, wenn es die passenden Informationen bekommt, fußen unter anderem Homöopathie und Bioresonanz. Beim geistig-seelischen Menschenbild wird zur Heilung auf der Seelenebene gearbeitet. Sie alle haben ihre Berechtigung, aber auch ihre Grenzen.

57 Hüther, G. (2020)

58 McTaggart, L. (2018)

59 Hüther, G. (2020)

60 Kahili King, S. (2010)

61 Lyubomirsky, S. (2018)

62 Lyubomirsky, S. (2018)

63 Turner, K. (2021)

64 Lyubomirsky, S. (2018)

65 Hüther, G. (2016)

66 Aus dem hawaiianischen „Huna" = verborgen, geheim

67 Kahili King, S. (2014)

68 Kahili King, S. (2014)

69 Beispiele für diese Vorstellung finden sich auch im Buddhismus, Taoismus, Holismus, Pantheismus, Panentheismus und eben der Quantenphilosophie.

70 Die Quantenfeldtheorie beschreibt das Universum als ein System von Feldern, die miteinander interagieren und sich gegenseitig beeinflussen, was darauf hindeutet, dass alles im Universum miteinander verbunden ist und auf subtile Weise miteinander in Wechselwirkung steht.

71 Tolle, E. (2000)

72 Douglas-Klotz, N. (2009)

73 Dispenza, J. (2017)

74 Wer mag, kann auch ein sogenanntes „Vision Board" erstellen mit einer Collage aus Bildern, Texten und anderen visuellen Elementen, die das Gewünschte repräsentieren.

75 McTaggart, L. (2018)

76 Kuby, C. (2017)

77 Kuby, C. (2017)

78 Lyubomirsky, S. (2018)

79 Turner, K. (2021)

80 Den Großteil meiner schamanischen Ausbildung absolvierte ich bei Dr. Carlo Zumstein, Gründer von „The Art of Bridging". Carlo war wiederum Schüler des amerikanischen Anthropologen Prof. Michael Harner, der verschiedene indigene Kulturen in der Welt erforschte. Obwohl die schamanischen Praktiken in den untersuchten Gruppen heterogen waren, identifizierte Harner zentrale Elemente und machte sie für uns Menschen aus dem Westen zugänglich. Er wurde selbst schamanisch initiiert und gründete die Foundation for Shamanic Studies mit Sitz in Mill Valley, Kalifornien.

81 Bentov, I. (1988)

82 Um nur ein Beispiel zu nennen: Ab den 1950er Jahren wurden Glasverpackungen zunehmend durch Plastikverpackungen ersetzt. Plastik wurde damals als innovative Lösung gesehen, weil es leichter, kostengünstiger und bruchsicherer war als Glas. Diese Lösung war nicht ganzheitlich gedacht, weil Plastikverpackungen massive Umweltauswirkun-

gen haben, insbesondere was die Entsorgung angeht. Plastik ist schwer abbaubar und trägt zur globalen Verschmutzung der Meere und Böden bei.

83 Kahili King, S. (2003)

84 Tolle, E. (2015)

85 Lyubomirsky, S. (2018)

86 Oder auch das Rezitieren eines Mantras, sprechend, flüsternd, singend oder in Gedanken.

87 Hölzel, B. & Ott, U. (2011)

88 Conn Henry, R. (2005)

89 Dunkle Materie ist unsichtbare Materie, die nicht direkt mit elektromagnetischer Strahlung, wie etwa Licht, wechselwirkt. Sie kann daher nicht unmittelbar beobachtet werden. Aber ihre Anwesenheit hat messbare Auswirkungen auf die sichtbare Materie und Gravitation im Universum. Dunkle Energie wird postuliert, um die Expansion des Universums zu erklären. Ihre genaue Natur und Quelle sind weitgehend unbekannt.

90 Eine Supernova ist das Ende des Lebenszyklus eines massereichen Sternes, bei dem dieser in einer gewaltigen Explosion auseinanderbricht.

91 Die starke Kraft hält die Atomkerne zusammen; die schwache Kraft ist u. a. für den Zerfall radioaktiver Isotope verantwortlich; die elektromagnetische Kraft ist u. a. für die Anziehung und Abstoßung elektrisch geladener Teilchen zuständig, damit auch für die molekularen Bindungen, sowie das Verhalten ferromagnetischer Materialien; die Gravitation wirkt zwischen zwei massereichen Körpern und ist dafür verantwortlich, dass diese Körper zueinander hingezogen werden. Die Gravitationskraft hält die Himmelskörper in ihren Umlaufbahnen und beeinflusst somit ihre Bewegung.

92 Lyubomirsky, S. (2018)

93 Turner, K. (2021)

94 Konfuzius drückte es folgendermaßen aus: „Die unreife Liebe sagt: ‚Ich liebe dich, weil ich dich brauche. Die reife Liebe sagt: ‚Ich brauche dich, weil ich dich liebe."

95 Lyubomirsky, S. (2018)

96 Marx, S. (2010)

97 Zurhorst, E. (2024)

98 Ehrliches Mitteilen ist eine Kommunikationsmethode, bei der du in einem sicheren, geschützten Rahmen darüber sprichst, wie es dir gerade geht - welche Körperempfindungen, Gefühle und Gedanken du momentan hast. Dies kann zu zweit oder auch in einer Gruppe stattfinden. Dabei beginnen alle Äußerungen mit einer Floskel und das Gegenüber hört aufmerksam zu, ohne zu antworten oder sonstwie zu reagieren. Jede Teilnehmerin/jeder Teilnehmer hat eine festgelegte Redezeit. Zunächst wird über die momentane Körperempfindung gesprochen (Ich spüre ...), dann über Gefühle (Ich fühle ...) und zuletzt über Gedanken (In meinem Kopf ist der Gedanke, dass ... oder Mein Kopf denkt, dass ...). Diese Methode wurde von Gopal Norbert Klein veröffentlicht (Klein, G. N., 2021).

99 Chapman, G. (2023)

100 Klein, G. N. (2021)

101 Ornish, D. (1999)

102 Bentov, I. (1988)

103 Radin, D. (2015)

104 Das berühmte Gedankenexperiment von Schrödingers Katze, bei dem eine Katze sich gleichzeitig in einem lebendigen und einem toten Zustand befinden kann, solange der Zustand nicht beobachtet wird, soll das Phänomen der Superposition veranschaulichen.

105 Heraklit von Ephesus

106 Der Oxford-Happiness-Test ist ein standardisierter Test mit 29 Fragen, der auch in der Glücksforschung verwendet wird (zum Herunterladen auf Deutsch beispielsweise auf der Seite www.achtsamkeits-zentrum.de)

Literatur

Armour, J. A. & Ardell, A. L., Hrsg. (1994). Neurocardiology. Oxford University Press.

Armour, J. A. (2003). Neurocardiology-anatomical and functional principles. Institute of HeartMath. Pub. No. 03-011.

Bauer, J. (2021). Das empathische Gen: Humanität, das Gute und die Bestimmung des Menschen. Herder.

Bentov, I. (1988). Stalking the wild Pendulum. On the Mechanics of Consciousness. Destiny Books.

Chapman, G. (2023). 5 Sprachen der Liebe. Francke-Buch.

Conn Henry, R. (2005). The mental Universe. Nature/Vol. 436/July 2005.

Dispenza, J. (2012). Ein neues Ich: Wie Sie Ihre gewohnte Persönlichkeit in vier Wochen wandeln können. Koha.

Douglas-Klotz, N. (2009). Prayers of the cosmos: Reflections on the Original Meaning of Jesus's Words. HarperOne.

Hebb, D. (2002). The organization of behaviour. A neuropsychological theory. Erlbaum Books Mahwah. (Nachdruck der Ausgabe New York 1949).

Hölzel, B. & Ott, U. (2011). Meditationsforschung: neuroanatomische Befunde. Deutsche Zeitschrift für Akupunktur 54.

Hüther, G. (2016). Biologie der Angst. Vandenhoeck & Ruprecht.

Hüther, G. (2020). Was wir sind und was wir sein könnten. Fischer.

Hüther, G. (2021). Lieblosigkeit macht krank. Herder.

Hüther, G., Roth, W., von Brück, M. (2013). Damit das Denken Sinn bekommt. Herder.

Joshi, W. in Bormans, L. Hrsg. (2011). Glück. The Worldbook of Happiness. DuMont.

Kahili King, S. (2003). Kahuna Healing. Lüchow.

Kahili King, S. (2010). Instant Healing jetzt! Lüchow.

Kahili King, S. (2014). Der Stadtschamane. Lüchow.

Kast, B. (2023). Kompass für die Seele. C. Bertelsmann.

Kirschbaum, C. et al. (1993). The <Trier Social Stress Test> - a tool für investigating psychobiological stress responses in a laboratory setting. Neuropsychobiology 28, S. 76-81.

Klein, G. N. (2021). Der Vagusschlüssel zur Traumaheilung. Gräfe & Unzer.

Kuby, C. (2017). Gesund ohne Medizin. Die Kuby-Methode. Kösel.

Lipton, B. (2006). Intelligente Zellen. KOHA.

Lyubomirsky, S. (2018). Glücklichsein. Campus.

Mann, F. & Mann, C. (2017). Es werde Licht. S. Fischer.

Marx, S. (2010). Herzintelligenz kompakt. VAK.

McTaggart, L. (2018). Die Kraft der Acht. Trinity.

Morter, S. (2020).
Die Energie-Codes. mvgverlag.

Nestor, J. (2021). Breath/Atem: Neues Wissen über die vergessene Kunst des Atmens. Piper.

Ornish, D. (1999). Die revolutionäre Therapie: Heilen mit Liebe. Mosaik.

Ornish, D. & Ornish, A. (2022). UnDo It! Random House Publishing Group.

Ortner, N. (2022).
Tapping: Leben ohne Stress. Scorpio.

Radin, D. (2015). Supernormal. Crotona.

Spitzer, M. & Herschkowitz, N. (2020). Wie wir denken und lernen: Ein faszinierender Einblick in das Gehirn von Erwachsenen. mvgverlag.

Stork, P. (2017).
Gesundheit ist kein Zufall. DVA.

Tolle, E. (2000). Jetzt! Die Kraft der Gegenwart. J. Kamphausen.

Tolle, E. (2015). Eine neue Erde: Bewusstseinssprung anstelle von Selbstzerstörung. Ariana.

Turner, K. (2021). Hoffnung auf ein krebsfreies Leben: Die 10 Schlüsselfaktoren der Heilung – Geschichten von geheilten Menschen, die Mut machen. Irisiana.

Unternährer, E. et al. (2012). Dynamic changes in DNA methylation of stress-associated genes (OXTR, BDNF) after acute psychosocial stress. Translational Psychiatry 2, S. 150.

Weizsäcker, C. F. (2002). Die Einheit der Natur. Dtv.

Karin Beck-Delvalle studierte Biologie und arbeitet seit 2006 als schamanischer Coach. Nach ihrem Abschluss als Diplom-Biologin an der Universität Heidelberg mit einer molekularbiologischen Arbeit am Max-Planck-Institut für medizinische Forschung promovierte sie am Deutschen Krebsforschungszentrum (DKFZ). Sie arbeitete anschließend mehrere Jahre in der Pharma-Industrie – zunächst als Sektionsleiterin in der Abteilung Medizin, später als Produktmanagerin. Zu ihrer heutigen Tätigkeit als schamanischer Coach führte sie ein langjähriges Leiden bzw. dessen schamanische Heilung. Ihre schamanische Ausbildung hat sie hauptsächlich bei Dr. Carlo Zumstein absolviert und den Huna-Schamanismus bei Dr. Serge Kahili King erlernt. Die Fortbildung bei weiteren schamanischen und spirituellen Lehrern folgte, unter anderem Alberto Villoldo und Joe Dispenza. 2022/2023 nahm sie beim deutschen Neurowissenschaftler Prof. Gerald Hüther an einer achtmonatigen Ausbildung zum Potentialentfaltungscoach teil. Damit schließt sich – wie sie sagt – für sie als Spirituelle und Naturwissenschaftlerin auf wundervolle Weise ein Kreis, „weil Liebe die Qualität unserer spirituellen Natur ist und aus Sicht der Neurobiologie das wichtigste Element für Potentialentfaltung darstellt". Karin Beck-Delvalle bietet Einzelsitzungen sowie Workshops an und hält Vorträge. Ihre Praxis befindet sich in Leimen, sie ist verheiratet und hat eine Tochter.

**Schamanisches Coaching
und Potentialentfaltung
Dr. rer. nat. Karin Beck-Delvalle**

In der Täsch 13 · 69181 Leimen
Telefon 06224 9281655

info@drkarinbeck-delvalle.de
www.drkarinbeck-delvalle.de

Ich helfe Menschen, in ihre Kraft zu kommen, indem ich auf schamanische Weise einen Raum zur Verfügung stelle, in dem sich die Klientin/der Klient selbst begegnen kann. Wir gestalten dabei gemeinsam eine Wandlung, die als Ergebnis eine glückliche und heile Vision hat, die unmittelbar erlebbar ist. Ich setze neben meiner Schamanentrommel auch meine Stimme und ein Monochord ein. Wir arbeiten auf der Seelenebene, die unser zentrales Element darstellt. Zu mir kommen Menschen mit den unterschiedlichsten Anliegen, Krankheiten, Beziehungsproblemen, beruflichen Herausforderungen. Krisensituationen, Probleme und Leiden gehören zu unserem Menschsein und sie zeigen an, dass eine Veränderung ansteht. Eine erfolgreiche Krisenbewältigung führt uns immer mehr zu dem Menschen, der wir in Wirklichkeit sind, und macht uns kraftvoller. Wir analysieren bei der schamanischen Arbeit die Probleme nicht und suchen nicht nach neuen Zielen oder Optimierungsstrategien. Wir gestalten innere Wandlungen und kreieren Visionen, die wir dann unmittelbar leben können – für mehr Lebensfreude, Gesundheit und Erfolg in allen Lebensbereichen. Ich schätze mich glücklich, Menschen heute dabei unterstützen zu können, ein glücklicheres und erfüllteres Lebens zu gestalten und zu heilen.

Meine Tätigkeit ist als unterstützende Maßnahme zu verstehen, die eine medizinische Behandlung nicht ersetzt, sondern ergänzt. Ich gebe auch kein Heilungsversprechen ab.

Ich danke Anja Lippler, Kai-Uwe Lippler und Stefan Hitschler für die inspirierenden Begegnungen in sehr wertschätzender Atmosphäre! Mein zusätzlicher Dank geht an Stefan für das wunderschöne Layout.

Ich danke Herrn Dr. Irmey für seine Einladung zum Vortrag beim Patienten-Arzt-Kongress der Gesellschaft für Biologische Krebsabwehr e. V. 2019, der Ausgangspunkt für dieses Buch war.

Von Herzen danke ich meinem Mann David für die vielen anregenden Diskussionen und seine unermüdliche Unterstützung bei der Fertigstellung des Manuskripts!

Ein dickes Dankeschön gebührt meiner Schwester Marianne für den „Schubs"! Ein lieber Dank geht an meine Freundinnen und Freunde, die mich mit ihrem Interesse unterstützt haben!

Lipplerbookz Buchverlag GbR · Kai-Uwe Lippler & Anja Lippler
Friedensstraße 40 · 76855 Annweiler am Trifels
Telefon 06346 9039689 · hallo@lipplerbookz.de

Besuchen Sie uns digital: www.lipplerbookz.de
Facebook: @lipplerbookz.de · Instagram: @lipplerbookz

Printed in Germany
ISBN 978-3-948880-19-4

Herausgeberin und Autorin
Dr. rer. nat. Karin Beck-Delvalle, Leimen

Projektleitung
Stefan Hitschler, Rhodt unter Rietburg

Konzeption, Layout, Satz, Produktion und Projektmanagement
Kaisers Ideenreich, Rhodt unter Rietburg
www.kaisers-ideenreich.de

Korrektorat
Andreas Lenz, Heidelberg

Schriften
Recoleta von Jorge Cisterna (Latinotype)
Albra von Yang Lu (BumbumType)
Lindsey Signature von Crystal Kluge (Tart Workshop)

Fotos
Adobe Stock – SJ Travel Footage (Cover und Kapitelbeginne)
Adobe Stock – Omega (Seite 88-89)
Foto-May, Wiesloch (Seite 147)

Papier
Wibalin Recycled Quartz 120 g (Bezug)
Carte Lumina 350 g (Buchdecke)
Lona Offset 120 g (Vor- und Nachsatz, Inhalt)

Druck
Memminger MedienCentrum, Memmingen

Weiterverarbeitung
Schaumann, Darmstadt